Mãe de primeira viagem

tao

Mãe de primeira viagem

Vanessa Dwek

Mãe de primeira viagem, 2 ed.

Publisher Edgard Blücher
Editor Eduardo Blücher
Coordenação editorial Jonatas Eliakim
Produção editorial Aline Fernandes
Preparação de texto Samira Panini
Diagramação Taís do Lago
Revisão de texto Danilo Villa
Capa Laércio Flenic
Imagem da capa Guilherme Janini Ferreira

tao

Rua Pedroso Alvarenga, 1245, 4° andar
04531-934 – São Paulo – SP – Brasil
contato@taoeditora.com.br
www.taoeditora.com.br

Segundo Novo Acordo Ortográfico, conforme 5. ed. do *Vocabulário Ortográfico da Língua Portuguesa*, Academia Brasileira de Letras, março de 2009.

Dados Internacionais de Catalogação na Publicação (CIP)
Angélica Ilacqua CRB-8/7057

Dwek, Vanessa
Mãe de primeira viagem / Vanessa Dwek. – 2. ed. – São Paulo : Tao, 2021.
218 p.

Bibliografia
ISBN 978-65-89913-01-6 (impresso)
ISBN 978-65-89913-00-9 (eletrônico)

1. Mães – Biografia 2. Maternidade I. Título

21-1858 CDD 920.72

Índices para catálogo sistemático:
1. Mães – biografia

Primeiros desafios

O dia esperado finalmente chegou: saímos da maternidade e fomos para casa. O alívio era imenso por sair daquele ambiente hospitalar, mas, ao mesmo tempo, estava receosa por chegar. Era feriado em São Paulo. Sendo assim, em casa seriamos apenas nós três: meu marido, nossa pequena Maya e eu. Nenhum de nós dois tinha passado pela experiência de cuidar de um bebê, muito menos um delicado recém-nascido.

Conseguiríamos dar conta?

A apreensão estava no ar...

Chegamos em casa por volta de uma hora da tarde. Aproveitando que ela estava dormindo, fomos arrumar as coisas e receber as visitas. Não muito tempo depois, escuto o primeiro choro em casa. Após retirá-la do berço, pensei em apresentar a ela seu novo lar, mas a ideia ficou só no pensamento, já que estava chorando e nada disposta a ver algo que não fosse meu seio. Era fome. Tratando-se de um recém-nascido que acabou de acordar a dedução era unânime. Sendo uma mãe de primeira viagem, estava feliz em poder compreender o primeiro choro da minha filha.

Surge então a primeira dúvida:

Trocar antes da mamada, entre um seio e outro ou depois da mamada?

Sugestões não me faltaram. Vejamos os prós e contras:

- Trocar antes.

  Vantagem: poderá mamar limpinha, livre de incômodos por estar com a fralda cheia.

  Desvantagem*:* talvez eu tenha que lidar com ela chorando de fome durante todo o processo de troca.

- Trocar entre um lado e outro.

  Vantagem 1: ela não vai mais estar com tanta fome.

  Vantagem 2: caso esteja um pouco sonolenta, a troca pode ser uma estratégia para despertá-la para mamar o segundo seio.

  Desvantagem*:* pode ser que ela não aceite interromper a mamada e ainda corremos o risco dela regurgitar com o manuseio da troca.

- Trocar depois.

  Vantagem: realmente descartamos o problema fome.

  Desvantagem*:* continuamos com o problema da regurgitação, agora com mais um agravante: e se ela dormir?

O choro da minha filha, somado às sugestões, argumentos e contra-argumentos, me fizeram perceber a importância de decidir, mesmo sem saber.

Sem muito tempo para pensar, senti o cheiro e resolvi trocar antes. Naquele instante, meus sentimentos eram dois: medo e algo que eu não saberia descrever bem, talvez impulsividade. O medo me incentivava a entregar ela para alguém fazer o processo com mais prática e perfeição, mas o segundo sentimento, bem mais forte que o primeiro, me fez decidir minha posição. Delicadamente disse aos presentes: "acho que consigo, eu mesma troco". Para evitar maiores polêmicas, nem segui a fala com: "alguém me ajuda?". Também não foi preciso. Foram inúmeros palpites somados ao choro da minha filha e a minha total inexperiência. Estava prevendo que a primeira troca seria um caos.

Decidi arriscar e colocar a mão na massa. Quase um milagre: no mesmo instante ela parou de chorar. Tendo como base o que eu tinha observado as enfermeiras fazerem no hospital, a explicação que vem na embalagem da fralda e vídeos demonstrativos que tive acesso por meio de buscas na internet, consegui cumprir minha primeira tarefa em casa como mãe. Para minha surpresa, não foi tão difícil e o resultado ficou bastante bom. Nessa hora, percebi que existe instinto materno ou, quem sabe, apenas sorte.

Aproveitando que ela estava paciente, resolvi também fazer a higiene do coto umbilical. Lembro exatamente da enfermeira dizendo: "pode mexer que não dói, se ela chorar é por conta do gelado do álcool". Não parecia ser complicado.

Seguindo a teoria, umedeci a extremidade do "cotonete" em álcool e, segurando o coto verticalmente, percorri todo o seu entorno. Felizmente ela não chorou durante o processo, o que confirmou o dizer da enfermeira e deu-me tranquilidade para manusear sem medo. Não foi complicado, mas bastante aflitivo. Muito bem. Próximo passo, amamentar...

Toda a minha falta de prática e experiência para sentar na poltrona, abrir o sutiã e posicioná-la foi compensada por uma boca faminta que logo encontrou um meio de fazer a pega e sugar o leite. Três sugadas, uma pausa de dois segundos, outras três sugadas e mais uma pausa de alguns segundos. Assim, fomos levando a mamada por dez minutos. Em seguida, ela soltou o seio e dormiu profundamente.

Coloquei-a numa posição mais elevada e aproveitei para descansar um pouco, afinal apenas um lado estava concluído. Quinze minutos depois, ela continuava dormindo e ainda não havia arrotado.

Acordo-a para mamar o outro lado?

Será que ela está satisfeita?

Posso colocá-la no berço mesmo sem arrotar?

Olhava para ela, dormindo tão gostoso: não tive coragem. Coloquei-a no berço imaginando que, se não estivesse satisfeita ou com algum incômodo, acordaria em breve.

Engano meu. Dormiu apesar das pessoas conversando ao redor. Passadas três horas, continuava dormindo. Decidi acordá-la, mas, antes disso, precisava tomar uma delicada decisão...

Para mim, era extremamente importante ter o carinho e a presença dos avós e tios, mas comecei a pôr em questão se nós três estávamos de fato sendo beneficiados com tanta ajuda. A companhia era boa, mas particularmente trazia muita bagagem de histórias e experiências num momento em que nós três estávamos ainda perdidos em meio a tantas novidades.

Se tratando de família, a intimidade me permitia abrir o jogo, meus medos, receios, preocupações e dificuldades, mas também tornava a tarefa de recusar aquela ajuda amorosa bastante complicada.

Como dizer isso sem magoá-los?

Talvez uma forma gentil fosse pedir que todos voltassem amanhã. Uma recusa de companhia apenas por algumas horas possivelmente teria uma melhor aceitação, mas como garantir o amanhã?

Enfim, ela estava dormindo, e a meu ver, precisava ser acordada para mamar o quanto antes. Eu não tinha tempo para analisar as palavras a serem usadas, precisava ser direta.

As reações foram diversas. Alguns entenderam, outros saíram calados, outros insistiram em ficar, prometendo não dar palpites. A regra era para todos, não era uma questão de dar ou não palpites.

Não posso garantir que ninguém ficou magoado com a minha atitude, mas infelizmente tinha que ser assim. Antes de pensar nos outros, precisava pensar no que era melhor para mim, para meu marido e consequentemente para a nossa Maya.

Fechada a porta, respirei fundo, contei até dez, deixei as preocupações com os outros de lado e fui vê-la. Ainda estava dormindo. Com calma, fiz uma delicada massagem em seus pés e ela logo despertou. Troquei a fralda e fui amamentá-la. Durante a mamada, foi um esforço tremendo mantê-la acordada. Massagem no pé, nas costas, nos braços, apelei até para a orelha, mas o sono realmente era maior do que a fome.

A fim de tê-la bem-disposta no momento da mamada, resolvi esperá-la despertar por conta própria. Passou mais uma hora e nada. Ela acordou duas horas depois, cinco horas desde o início da mamada anterior. Um pouco insegura em relação à minha decisão de tê-la deixado dormir tanto tempo, procurei, o mais depressa possível, iniciar a mamada.

Certo ou errado, pela primeira vez ela mamou com vontade o primeiro lado durante dez minutos e, em seguida, soltou o seio por conta própria. Estava um pouco agitada. Sem saber muito como aliviar seu incômodo, ela logo encontrou um meio por conta própria. Após uma leve contração abdominal, ela relaxou e eu percebi que era o momento de trocar a fralda. Pois é: duas fraldas em menos de vinte minutos.

Aproveitando a presença do meu marido, solicitei sua ajuda para a não muito agradável tarefa.

Para as curiosas ou curiosos, o cocô tinha uma cor bem escura e não tinha cheiro, tal qual é descrito nos livros. Umedeci um lenço de algodão em água morna e passei de frente para trás como nas outras trocas. O problema é que desta vez tínhamos algo mais pastoso e, mesmo passando o lenço algumas vezes, nós não sentiamos que estava limpo. Com receio de irritar a pele caso continuássemos, resolvemos arriscar nossa tática própria. Liguei a pia e regulei a água para que ficasse morna. Meu marido a colocou de barriga para baixo, apoiada em seu braço, levou-a até a pia e posicionou o bumbum embaixo da água corrente. Lavamos com direito a sabão e tudo, quase um semibanho. Ela ficou quietinha, só observando. Novamente no trocador, sequei-a e estava feito. Apesar de não tradicional, achei o método, eficiente, rápido, prático, higiênico e econômico.

De volta à cadeira, finalizamos a mamada e cochilamos as duas logo após.

Acordei não com o choro da minha filha, mas com meu marido tossindo.

O indesejável aconteceu: ele estava gripado e com febre.

Um pesadelo para uma mãe de primeira viagem: logo no primeiro dia tendo que cuidar de dois. Ele estava péssimo, uma gripe daquelas de derrubar. Por precaução, evitamos que ele ficasse muito próximo dela. Máscara no nariz, luvas cirúrgicas e muito álcool gel, todo cuidado era pouco para evitar que ela ficasse doente. Conclusão: sobrou tudo para mim.

Seguindo minhas obrigações, dei de mamar às onze horas da noite e, para me sentir mais segura, coloquei-a para dormir num moisés acoplado ao carrinho próximo à minha cama. Meu marido achou melhor dormir na sala para evitar dissipar o vírus pelo quarto.

Deitei na cama sozinha e exausta pelo trabalho de cuidados em dobro e pela ainda ressaca dos dias passados na maternidade. Não era a situação que eu imaginava para o fim de um dia tão especial, mas, apesar de tudo, eu estava contente.

Antes de dormir, estava pensando em quantas teorias eu tinha antes dela nascer e quantas foram descartadas em apenas um dia. O dia foi agitado, bagunçado, cheio de novidades e imprevistos. Minhas teorias perderam crédito, mas curiosamente estava menos insegura.

Ao fim do dia, não tinha absolutamente nenhuma certeza e mesmo sem saber eu estava confiante: uma contradição curiosa.

Planos para amanhã?

Nenhum definido. Estava disposta a observar, conhecer, descobrir, para aos poucos aprender. Observar para conhecer alguém que não o bebê descrito nos livros e descobrir o que é ser mãe sem medo de arriscar ou ser exótica. Enfim, fico entregue ao risco dos erros e acertos na esperança de aprender um pouco mais a cada dia.

Aula prática

Iniciamos o segundo dia em casa às duas da manhã. Estava exausta e ela dormindo como um anjo.

Era importante para ela mamar, seria perigoso não acordá-la e poderia diminuir meu fluxo de leite.

Estava ciente dos riscos, mas queria muito dormir mais um pouco. Minutos depois, respirei fundo e assumi meu papel de mãe responsável.

Aproveitando uma ponta de pé para fora do cobertor, iniciei uma leve massagem. Ela parecia despertar, mas começou a chorar antes mesmo de abrir os olhos. Sem tempo para remorsos e sendo o mal ou o bem já feitos, eu precisava encontrar uma forma de acalmá-la e minimizar seu descontentamento.

Ops! O choro ficou ainda mais intenso quando eu a retirei do moisés. Procurei fazer tudo o mais rápido possível para deixá-la dormir o quanto antes, mas, apesar da intenção, isso não significa que foi rapidamente. Faltava um pouco de prática.

Por fim, não tive sucesso: abocanhou o seio e dormiu em questão de segundos. Tentei massagear seus pés entre outras tentativas, mas nenhuma delas cumpriu sua função. Estava dormindo pesado.

Não vou dizer que foi por falta de opção, afinal havia outras estratégias: poderia trocar as fraldas novamente, acender a luz, tirar peças de roupa, cantar, balançar, ou até chegar ao extremo de colocar um pano úmido na sua testa, mas estávamos com muito sono.

Deixei meu papel de mãe responsável e acabei adormecendo...

Acordei acabada, pior do que quando fui dormir.

Outro indesejável acontecimento: eu estava gripada e com febre.

Precisava de um guindaste para me tirar da cama. Não bastava meu marido, agora eu também.

Máscaras e luvas. Que imagem nossa filha teria dos rostos das pessoas, primeiro o pai camuflado e agora a mãe. Mal se conseguia identificar algum rosto embaixo daquelas máscaras, fora que são extremamente incomodas.

Indicação médica: evitar contato muito próximo, falar perto, beijar etc.

Fácil falar. Desconheço uma maneira de amamentar à distância.

Estava com espirros e tosse incontroláveis. Por mais que eu usasse máscara ou tentasse desviar dela, o espirro estava no ar e, diga-se de passagem, bem próximo.

Invertemos os papéis. Desta vez eu estava, na medida do possível, à distância e sobrou todo o resto para ele. Sobrou mesmo, porque eu dormi profundamente depois da mamada. Acordei depois de uma hora assustada, sem desconfiar que horas fossem ou em que dia estávamos. Corri para ver se ambos estavam bem.

Ele estava assistindo televisão e ela dormindo. Eu estava me sentindo bem melhor. Perguntei como ele havia se saído durante minha ausência. Soube que, devido à inexperiência, a troca de fraldas durou um bom tempo, mas o impressionante foi ela ter ficado quietinha o tempo todo, só olhando. Meu marido assumiu que ficou até emocionado em ver aqueles olhinhos pacientes.

Logo de manhã, tínhamos agendado com uma amiga enfermeira uma visita em casa para auxiliar com a amamentação e cuidados.

Após uma breve apresentação, a acordamos e seguimos para a aula prática. Satisfeitos com nosso método particular de lavá-la a cada troca de fralda, demos outras utilidades para o tradicional kit de garrafa térmica, lencinhos de algodão e potes e dispensamos as orientações nesta etapa.

Vamos à próxima: colocar a fralda. Fiz como nas demais vezes. Sem correções a serem feitas, apenas duas dicas foram dadas. Prender os velcros ou adesivos de forma enviesada no momento de ajustar a fralda e sempre verificar se há dois dedos de folga entre a barriga e a fralda depois de terminada a colocação. Ambas as dicas com a finalidade de proporcionar mais conforto e mobilidade ou menos desconforto e incômodos, visto que, independente das estratégias, usar fralda não deve ser nada agradável.

Seguimos para a higiene do coto umbilical. "Perfeito" foi o comentário. Senti a mesma alegria que sente uma criança ao receber um selinho de parabéns na lição de casa da escola.

– *Que pomada antiassaduras você comprou?* – ela perguntou antes de seguirmos para a próxima etapa.

Ops! Confesso que tive que esticar o braço para descobrir o nome daquela que eu simplesmente peguei na prateleira da farmácia por ser a primeira à frente e à altura dos meus olhos.

Não tinha nenhum conhecimento sobre o assunto, mas, aproveitando a reflexão, confesso que a consistência grudenta me incomodava, sem contar a dificuldade para removê-la, mesmo lavando constantemente na pia com água e sabão. Mesma finalidade, mesma eficiência, preços, marcas, aromas, e consistências diferentes. Estava enganada ao pensar que eram todas iguais. Havia pomada para todos os gostos e também, para o meu gosto, as menos espessas e de fácil remoção.

Finalizada a questão, seguimos para o primeiro banho em casa. Desta vez, assumi a parte prática sob sua orientação. Minha filha colaborou bastante comigo. Ficou olhando, sem movimentos bruscos, facilitando bem as coisas para a mamãe de primeira viagem. Não tive dificuldades, mas confesso que precisei de uma terceira mão com o sabonete e depois para pegar a toalha na saída do banho.

Duas mãos para uma bebê não são suficientes?

Certamente sim. Aparentemente não.

Vamos ver se mudo de opinião com um pouco mais de horas de prática.

Amamentação

Durante o dia, procurei cumprir rigorosamente as mamadas de três em três horas para evitar levar uma bronca do pediatra ou, pior ainda, comprometer seu ganho de peso e crescimento.

A consulta com o doutor estava agendada para as cinco e meia da tarde. Aproveitando que ela estava dormindo, fui arrumar a bolsa para a "viagem" ao pediatra. Fraldas, duas trocas de roupa, pomada antiassaduras, lenços de algodão, paninhos para boca e uma manta para cobri-la.

Tantos itens, minha nossa!

Isso porque eu estava apenas indo para uma consulta, distância de cinco minutos de carro da minha casa.

Felizmente tivemos boas notícias: ganhando peso, tudo nos conformes. Poderia continuar somente com o leite materno, sem mudanças.

Manter as mamadas de três em três horas.

Nosso médico estava sendo prudente. Respondi que assim o faria, mesmo sabendo que não seria tão fácil.

Antes de ser mãe, ao pensar em amamentação me vinha logo aquela imagem da mãe sentada na cadeira olhando para seu filho com uma expressão de plenitude, ternura. Uma imagem linda.

Pois é. No meu caso não foi bem assim. Senti uma dor absurda. Tinha sentido dor desde o início, mas estava piorando cada vez mais. Sentia como se tivessem dentes mordendo o meu seio. Como pode alguém tão pequeno ter tanta força?

Uma coisa devo admitir. A perfeição da natureza humana é realmente impressionante. Pontualmente no horário da mamada, ela chorava de fome e meu peito ficava super inchado pelo excesso de leite. Uma precisava da outra para dar fim aos seus problemas, mas era necessário um pouco de paciência.

Eu tinha muito leite. Enquanto eu estava de sutiã, tinha a proteção de absorventes próprios para seios, mas era só eu tirar o sutiã que o leite saia sem que ela precisasse fazer força. Uma benção, mas não era tão fácil lidar com os seios inchados. Além da dificuldade para fazer a pega inicial, eram inúmeras roupas molhadas de leite e o medo constante de afogá-la durante a mamada.

Orientação da enfermeira: Preparar o seio para a mamada girando ambos cinco vezes para cada lado e massagear ao redor do bico.

Uma espera de aproximadamente um minuto, mas que trazia um conforto a mais, ou, melhor dizendo, um desconforto a menos, principalmente antes da primeira mamada da manhã. Ao girar o seio, parte do excesso de leite vazava, diminuindo a rigidez do mesmo e a massagem ajudava na liberação do bico para a pega. A dor continuava insuportável, mas imagino que seria ainda pior sem os cuidados.

Segunda etapa: sentar na cadeira, levantar a blusa, abrir o sutiã, encontrar uma posição confortável para ambas, aliviar o peso do braço com suporte de almofadas e, ao mesmo tempo, segurar aquele pequeno corpo com atenção especial ao apoio na cabeça. Esqueci um detalhe: tudo isso sem contar com a pressão do choro de fome, exigindo agilidade.

Vamos por prioridades:

1. garantir que sua boca estivesse abocanhando toda a auréola e pegando o bico de frente para que a pega fosse feita da maneira correta.
2. garantir seu conforto com a cabeça verticalizada para minimizar os engasgos e obviamente evitar que seu nariz fosse obstruído pelo meu seio.

Acima da pressa, essas tarefas exigiam máximo cuidado.

Conseguir posicionar tudo nos conformes não era uma tarefa fácil. Tentando desafogar o nariz do meu seio, sua boca se desalinhava com o bico; arrumando o alinhamento, a cabeça acabava ficando desalinhada com o corpo;

alinhando a cabeça ao corpo, ela engasgava, pois ainda, por fim, tinha que me preocupar em deixar a cabeça o mais verticalizada possível.

Ao encontrar finalmente uma posição que agregasse todas essas exigências, minha única preocupação era ficar imóvel para não perdê-la.

Aos poucos fui aprendendo a usar a almofada própria para amamentar ou um travesseiro como gentis aliados para garantir que a posição ideal não dependesse de um esforço a mais de um braço ou costas.

Boa notícia: a pega estava perfeita.

Péssima notícia: a dor continuava.

Experimentei quatro diferentes posições com a supervisão e o auxílio da enfermeira para checar se a dor em alguma delas era menor.

Na posição cruzada, não me senti confortável; deitada de lado, minha filha não se sentiu confortável; a tradicional posição de ninar havia sido usada até então, era sem dúvida a posição mais confortável, de melhor encaixe; mas na posição invertida a dor foi menor. Não que eu estivesse confortável, mas a leve melhora na dor era uma oportunidade atualmente irresistível. Adiantando a história: o micro alívio foi bom, mas durou pouco. Após algumas mamadas, meu seio doía igualmente na posição de ninar ou invertida.

Mamou e dormiu, mas continuava pressionando o seio.

Vamos à tática do dedinho. Aproximei meu dedo menor e delicadamente consegui transferir a pega do seio para o dedo. Poucos instantes de pega e até o meu dedo ficou dolorido. Estava assustada e impressionada com tamanha força de sucção.

Coloquei-a no berço e corri para tomar um grande copo de água. A sede durante as mamadas estava sendo bastante comum. Para facilitar, criei o hábito de deixar um grande copo de água.

– *Esses copos de água por toda parte é alguma promessa ou superstição?* – uma vez questionou uma visita.

Parecia ser, mas acreditem: era pura sede.

Por fim, vinha a sessão curativos.

Dicas da enfermeira, vizinha, mãe, sogra, amiga: pomada cicatrizante, passar um pouco do leite no bico antes e depois de cada mamada, expor o seio a luz infravermelha, banho de sol, secar com secador ou lavar com sabonete após as mamadas, entre outras que não me pareciam ter sentido.

Tentei de tudo. As dicas em geral foram boas, mas o problema é que a cada três horas, com a fome da minha filha, vinham as dores novamente.

Quando tudo parecia bem complicado, no segundo dia ficou ainda pior. Assim que ela começou a sugar, abriu uma fissura no bico do meu seio. Estava sangrando bastante. Assustada, retirei-a do peito e corri atrás de ligar para a ginecologista.

As providências eram as mesmas: pomada cicatrizante, banho de sol e exposição à luz infravermelha.

Seguiria à risca todas as indicações, mas o que fazer agora?

Ela estava com fome e meu seio continuava sangrando.

"Se ela ingerir um pouco de sangue junto com o leite não há grandes problemas."

Pode ser que não, mas para mim essa ideia estava fora de cogitação.

Que bom que temos dois seios. O outro também não estava muito bem, por isso, durante a mamada, me concentrei ao máximo para tentar descobrir alguma forma de evitar as feridas.

A combinação não era favorável: meu seio extremamente sensível e minha filha, uma lactente com uma incrível força de sucção.

Foi então que eu descobri algo curioso. Após a mamada, o bico do meu seio ficava arroxeado, como se a circulação do sangue estivesse comprometida. A dor era intensa e constante, mas, sendo bastante detalhista, notei também que o pico da dor não acontecia no momento da pega, nem mesmo durante o movimento de sucção. A dor maior era no momento da pausa.

Ainda um pouco sonolenta, minha filha realizava pausas relativamente longas entre uma sucção e outra e com a língua parada, o que sustentava uma pressão constante sobre o mamilo e prejudicava a circulação do sangue, causando uma dor insuportável e favorecendo as rachaduras.

Conseguir diagnosticar um problema é sempre bom, mas o melhor seria encontrar uma solução. Uma ideia me veio. Poderia tentar retirá-la do seio de tempos em tempos para massagear meu mamilo, preservado assim uma boa circulação.

A ideia parecia boa, mas assim que comecei a pôr em prática percebi que existiam efeitos colaterais. Além de ela ter ficado extremamente irritada por ter sua mamada interrompida, o próprio ato de pegar e soltar o seio diversas vezes por si só já causava ferimentos. A descoberta foi muito bem observada, mas não consegui obter nenhuma vantagem a partir dela.

Outra ideia seria tentar mantê-la bem acordada durante a mamada, diminuindo assim o tempo de pausa. Parece fácil, mas definitivamente não é. Ela mantinha seu ritmo e estado semidormindo apesar de todos os meus esforços.

– *Porque você não oferece somente um seio por mamada?* – uma vez sugeriu uma mãe e amiga.

Não custava nada tentar.

Como eu tinha bastante leite, minha filha não sentiu falta do outro lado, no entanto me surgiram dois problemas.

O primeiro foi ter que suportar o incômodo de ter o outro seio cheio até a próxima mamada. Não chegava ao ponto da dor, mas, mesmo assim, era algo desconfortável.

O segundo foi a quantidade de leite. Ao fim do dia senti que a produção diminuiu. Não sei se foi esta a causa ou outra, que apenas coincidiu com o dia experimental, mas, de qualquer forma, fiquei receosa e preferi voltar à estratégia inicial.

Estava ciente dos inúmeros benefícios do aleitamento materno:

"Um alimento completo e equilibrado que atende a todas as necessidades de nutrientes e sais minerais da criança até os seis meses de idade."

"Fácil de ser digerido, graças a uma molécula chamada PSTI, responsável por proteger e reparar o intestino delicado dos recém-nascidos."

"Colabora para a formação do sistema imunológico, prevenindo infecções, anemia, alergias, asma, artrite reumatoide, obesidade e intolerância ao glúten."

Isso, sem mencionar os benefícios para a mãe:

"Ajuda o útero a contrair, estimula a expulsão da placenta, diminui o risco de anemia. Ajuda a perder peso (cerca de quinhentas calorias por dia!). Melhora a mineração óssea, reduzindo o risco de ter osteoporose e fraturas em idade mais avançada. Diminui o risco de câncer de mama, útero e ovário."

Há outro "porém":

"Mamar é o exercício mais completo para desenvolver as estruturas da boca e rosto, garantindo força, boa mobilidade e postura adequadas."

Língua, lábios e bochecha. Podemos dizer que são os principais. Hoje são estruturas importantes para sugar, futuramente seu bom desenvolvimento e crescimento serão fundamentais para a fala, mastigação, respiração e deglutição. Rapidamente explico a importância da amamentação para cada um deles.

Lábios. Enquanto mama, o bebê é obrigado a manter os lábios firmes junto ao seio para evitar o vazamento de leite. Com isso, trabalha-se o fortalecimento de importantes músculos responsáveis pelo correto fechamento dos lábios. Parece um detalhe sem importância para leigos, mas é de extrema importância. Quando não estamos comendo ou falando os lábios devem estar fechados. Isso gera uma pressão intraoral responsável por manter a língua tonificada e na posição correta. A flacidez dos lábios dificulta a respiração pelo nariz, acarreta num mal posicionamento da língua, levando, consequentemente, a alterações na arcada dentária e no desenvolvimento ósseo da face. Consequentemente, podemos ter alterações na respiração, fala e deglutição.

Língua. Enquanto mama, o bebê usa a língua para engolir. O mesmo movimento repetidas vezes fortalece a musculatura da língua e estimula o crescimento do maxilar superior. Falar e engolir são importantes funções da língua e dependem da sua força, mobilidade e maturação para serem cumpridas da maneira correta.

Bochecha. Enquanto mama, o bebê movimenta a arcada inferior para frente e para trás. Com isso, estimula o crescimento correto do maxilar, ossos da face e dentição.

Não havia dúvidas que era válido persistir. Os benefícios eram inúmeros. No entanto, as dores continuavam.

Completávamos hoje oito dias. Estava exausta.

Decidi comprar uma bomba própria para tirar leite e um copinho próprio para alimentar recém-nascidos.

Um dia, uma mamada apenas. Somente um respiro, um descanso.

Oferecer a mamadeira poderia ser uma escolha sem volta?

Poderia. É um fato. Profissionais da área e mães mais experientes sabem do risco. Entretanto, não podemos generalizar.

Um compromisso, um evento, uma consulta médica, doença inesperada, pós-parto com complicações. Tantos motivos que podem vir a impedir uma mãe de amamentar seu filho por um período.

É possível recuperar o aleitamento materno?

Sabemos que pode ser fácil, pode não ser. Hábito. Bebês se acostumam, estruturas se adaptam. O novo, mais fácil, pode ser um bom atrativo...

Olhei a bomba de tirar leite, o copinho... conversei comigo mesma.

Lembrei da primeira gota de leite a sair do meu seio no instante em que eu a peguei no colo pela primeira vez. Ambas enfrentávamos uma experiência totalmente nova. Eu precisava enfrentar minha própria insegurança, lidar com minha inexperiência, medos e receios. Minha filha precisava enfrentar o ambiente externo ao útero, primordialmente, enfrentar uma série de vírus e bactérias desconhecidas, preparar seu intestino para digerir pela primeira vez e eliminar as primeiras fezes escuras (mecônio). A situação de ambas não era fácil, principalmente levando em conta as inúmeras tarefas e o pouco preparo.

Felizmente aquela gota e outras mais que surgiram quando foi iniciada a sucção fez acalmar nossa apreensão. O colostro, como é chamado o leite inicial, é rico em anticorpos, células brancas, rico em fatores de crescimento responsáveis por preparar o intestino do bebê para receber o leite posterior, possui efeito laxativo para facilitar a eliminação do mecônio, mas também fez nascer a mim enquanto mãe. Um ser mãe para além de tudo que eu havia me preparado para ser, agir e lidar. Era a minha receita de leite materno, era minha filha, era eu e não somente mais uma mãe. A dor, mesmo que à beira do insuportável, não justificava a decisão de abrir mão de algo tão único, completo e absolutamente perfeito, tão precipitadamente.

Fórmulas versus leite materno, criação divina versus genialidade humana. Obviamente não há como colocá-las em um mesmo patamar, mas a ciência tem seu mérito. Tendo o leite de vaca como base, gorduras são parcialmente substituídas, as proteínas têm seu teor alterado e são modificadas em sua estrutura, são adicionados soro e nutrientes e extraída parte dos minerais para não sobrecarregar o rim dos bebês. Nenhuma fonte contesta o fato de que as fórmulas são capazes de sustentar bebês fortes e saudáveis. No entanto, há, pelo menos, cem ingredientes que são exclusivos do leite materno, pelos quais eu acreditei que devia lutar.

Por fim, fiquei a pensar o quão trabalhoso seria ter de preparar o leite a cada mamada, ferver a água, esterilizar a mamadeira, preparar o leite na temperatura ideal e, o pior de tudo, imaginar ter todo esse trabalho de madrugada, durante uma viagem ou um passeio, situações nas quais ainda teria mais uma preocupação em relação ao armazenamento e prazos de validade. Oferecendo leite a partir de fórmulas, não obrigatoriamente essa tarefa teria que ser feita pela mãe, eu teria um pouco mais de liberdade, mas, mesmo assim, amamentar certamente superava qualquer opção em custo, qualidade e praticidade. Tendo a mãe por perto, o leite materno é facilmente transportado e estaria sempre à mão, fresquinho e pronto para o consumo.

Guardei a bomba de tirar leite e decidi tentar mais um pouco. Estava frustrada por não conseguir me aproximar e curtir o momento da amamentação com minha filha, mas tentei animar a mim mesma acreditando na ideia de que logo o seio se acostumaria e a dor teria um fim. Mordi os lábios, contei até dez, com direito a pausas para respirar, e fomos levando.

Conclusão: não é tão fácil quanto parece na foto. Aliás, é bem difícil.

Um mês e dez dias. Um susto e um grande alívio.

Eram seis horas da tarde, horário da mamada. Meus pais, irmã, irmão, cunhada e seus filhos estavam todos em casa. Iniciei a mamada, mas senti que havia algo errado. Não conseguia ver o leite saindo como de costume e minha filha estava visivelmente incomodada. Minha mãe e cunhada de passagem pelo quarto vieram ver se estava tudo bem. Não consegui esconder a aflição.

Ambas sendo mães de mais de um filho, me disseram ser natural e conhecida a redução na quantidade do leite por volta de quarenta dias após o parto. É a fase na qual o organismo da mãe é regulado para fabricar a medida certa conforme a demanda apresentada pelo bebê. De fato, hoje se completavam os quarenta dias pós-parto, mas natural ou não, aquilo não me parecia normal.

Aquele seio aparentemente vazio é mesmo suficiente?

Minha filha estava nervosa, chorando, e eu sem leite, nenhum argumento alheio conseguia se sobrepor à minha visão dos fatos e confesso que eu não estava nem um pouco tranquila.

Vieram, então, as dicas: comer amendoim, nozes, castanhas, frutas secas, leite, grão-de-bico, azeitona, açaí, banana, chá de erva doce, canjica, medicamento x (orientação médica) entre vários outros.

– *Algum é comprovado cientificamente?* – perguntei, com medo de imaginar manter uma dieta com tantos itens ou usar o tal medicamento com possíveis efeitos colaterais.

O silêncio predominou por alguns instantes.

– *Na verdade não, mas posso garantir que funciona porque...* – responderam as experientes, cada qual com seu exemplo de amiga, tia e prima que voltaram ou tiveram leite em abundância, graças ao alimento milagroso.

Cientificamente eu havia lido sobre o que evitar ingerir: cafeína, álcool, substâncias químicas, nicotina e um cuidado especial com agrotóxicos, hoje infelizmente presentes em abundância em determinadas frutas e legumes. A ciência tem conhecimento sobre o que é prejudicial, mas ainda não é capaz de fornecer uma receita para uma boa quantidade e qualidade de leite. Fato que torna ainda mais curiosas as histórias de absoluto sucesso com a ingestão de certos alimentos.

Como explicar mães que comem alimentos saudáveis e não têm leite e mães que só comem "porcarias" e têm leite em abundância?

Pela própria inconstância dos resultados, a resposta está além do que é comprovado cientificamente. O pensamento me intrigou por alguns instantes, mas, no momento, não pôde ser elaborado para além disso. Outras prioridades estavam à minha frente, sendo a primeira delas resolver a fome da minha filha.

Mesmo sendo íntimos, pedi a todos que fossem até a sala e chamei meu marido para ficar com ela por alguns instantes. Fui à cozinha, tomei três grandes copos de água e deitei um pouco na cama. Precisava manter a calma e principalmente a tranquilidade. Foram somente quinze minutos, mas eu já me sentia melhor. Sentei para dar de mamar e, após a terceira sugada, o leite voltou a fluir. Como mágica, algo divino, tudo voltou ao normal. Não ingeri nada além de água, não descansei nada mais que quinze minutos, e tudo voltou a fluir. A água certamente tem seu mérito, o descanso teve sua importância, mas eu arrisco atribuir o milagre para além destes dois aspectos. Eu voltei para a cadeira de amamentação mais tranquila, menos apavorada e menos pessimista em relação à minha capacidade de produzir leite.

Tranquilidade e confiança. Fatores importantíssimos que na maioria das vezes não constam, na lista de conselhos de amigas, mães ou avós. Nem todas as mães têm leite, nem todas têm leite o bastante, mas, pensando a respeito das histórias de mães que tinham e pararam de ter, passei a dar um valor especial a estes dois aspectos. Sendo mãe de primeira viagem, apesar de saber a importância, não era nada fácil manter-se no domínio destes dois fatores.

Lições de hoje: Se você não quer que falte leite, beba água, sucos, líquidos em geral. Bastante. Sempre. Não espere sentir sede, mantenha-se sempre hidratada. Descanse. Mesmo que por rápidos quinze minutos, nenhuma brecha deve ser desperdiçada. Se possível, deite-se e tire um cochilo revigorante. Tranquilidade. Stress, nervosismo, ansiedade, tensão, raiva, ódio e tristeza são sentimentos que consomem as forças de uma mãe, limitando seu vigor para a produção de leite. Coma aquilo que achar que deve para sentir-se bem, confiante e tranquila. A ciência não prova que as receitas caseiras funcionam, mas também não prova que não funcionam.

No dia seguinte, tudo estava como antes. Ou melhor, a quantidade de leite sim, mas a dor no seio finalmente passou.

Quarenta e um dias de dor, nem eu sei como aguentei sofrer tanto por tanto tempo. A inicial e infeliz combinação de um seio extremamente sensível e uma lactente com uma incrível força de sucção estava começando a se modificar. Meu seio, talvez não mais tão sensível, ainda tinha a missão de enfrentar uma incrível força de sucção, mas o ritmo era outro. Após inúmeras tentativas de mantê-la disposta no momento da mamada, meus esforços chegaram a um resultado positivo. Minha filha estava deixando de ter a sonequinha na hora da mamada, passando a ser uma bebê mais acordada, mais faminta, voraz e veloz. Apesar da intensa força de sucção não ajudar, a redução nas pausas entre uma sucção e outra fez toda a diferença. Para alívio do meu seio, ela passou a mamar quase sem pausas durante dez a quinze minutos de cada lado. Comecei a curtir o momento das mamadas. Curtir aquela mãozinha apoiada em meu seio, aquela outra que acariciava a minha cintura. Sem dor, era muito mais gostoso estar abraçadinha com ela naquele momento.

Aquela mãe sentada na cadeira, segurando sua filha com expressão de plenitude, ternura... enfim, lá estava eu.

Apenas duas mãos

Seis horas da tarde. A essa altura do dia o tempo já estava começando a esfriar, por isso seria melhor que o banho fosse dado o quanto antes. Ligo para o meu marido: ainda no trabalho, sem previsão exata de volta para casa.

Dar o banho sozinha não me parecia uma saída segura, mas, por outro lado, o que poderia acontecer?

Arrisquei. Separei uma troca de roupa, toalha, sabonete, tudo como haviam me orientado no hospital.

Comecei a ensaboar. Nesta hora desejei ser um polvo, precisava de no mínimo mais dois braços e mãos. Imaginem a cena. A mesma pessoa com duas mãos e dois braços, uma segurando ela e a outra com a função de apertar o recipiente do sabonete líquido e recolher o sabão despejado. Foi um desafio. O recipiente do sabonete parecia um limo, a todo tempo escorregava da minha mão e por pouco não caia no chão ou dentro da banheira. Ia conversando com ela o tempo todo.

Conforme ensaboava, percebi que ela levantava os braços como se levasse um susto. Entendi que era um pedido para desacelerar os movimentos. Experimentei passar o sabão bem devagar, fazendo uma massagem bem suave em todo o corpo. Usei muita delicadeza no movimento. Não porque a considerava frágil, ou por medo de tocá-la com mais firmeza, mas sim com o objetivo de tornar o banho um momento relaxante, um momento em que ela pudesse sentir o toque da mãe com a sutileza de um carinho. Mesmo sem falar ou sorrir, não tinha dúvidas que ela estava adorando. O clima relaxante contagiou a nós duas, foi uma delícia.

Segundo momento crítico: o da virada.

Parecia impossível colocá-la de barriga para baixo usando apenas duas mãos.

O importante é não afogá-la na banheira, de resto tudo é lucro, certo?

Arrisquei. Um pouco desajeitada, mas consegui.

Terceiro momento crítico: como tirar da banheira, segurar a toalha e enrolá-la?

A condição era a mesma: dois braços e duas mãos. No entanto, agora com um agravante: o processo tinha que ser eficiente e rápido para que ela não pegasse friagem.

Vejamos: tirei da banheira, estava com a toalha na mão... e agora?

Sem tempo para pensar, encostei ela no meu corpo e com a outra mão estendi a toalha sobre o trocador. Não preciso nem dizer: fiquei toda molhada.

Coloquei-a sobre a toalha e, antes que pudesse cobri--la, percebi a toalha mais molhada do que deveria. Pois é, o líquido para além da água do banho foi produzido por ela. Só me restava rir. A única saída foi enrolá-la na opção mais próxima ao alcance da minha mão, meu roupão de banho, e ir com ela até o quarto pegar outra toalha. Fiquei na torcida para que ela não eliminasse mais nada pelo caminho. Felizmente tudo deu certo.

De volta ao trocador, colocamos a fralda e... um espirro. Não gostei. Podia ser um simples fiapo do roupão no nariz ou um cheiro forte, mas não gostei de pensar na hipótese de ela ter pegado friagem.

Fim da aventura. Trocada, banhada e cheirosa, esperamos a chegada do papai. Melhor dizendo: limpinha por enquanto. Após a mamada, enquanto eu aguardava um arroto, recebi algo mais.

Regurgitou. Já tinha acontecido antes, mas desta vez foi em maior quantidade. Minha roupa e a dela estavam cheirando a leite azedo.

Começou a soluçar logo após regurgitar. O soluço estava muito forte, mas antes de dar atenção a ele, precisava me preocupar com sua roupa que estava toda molhada. Com ela no colo, fui pegar outra muda de roupa.

Segurar um recém-nascido dá um pouco de aflição, mas não tem mistério, o importante é sustentar a cabeça. O problema é quando temos uma mão sendo requisitada para outra tarefa.

Como segurar a cabeça, o tronco, tudo com somente uma mão?

Para uma mãe de apenas poucos dias de existência não era algo tão simples quanto parece.

Com auxílio do braço, ombro e cabeça, consegui garantir sua segurança e a muda de roupa. Rapidamente estava trocada. Eu estava ganhando prática nisso.

Muito bem, retiro ela do trocador e escuto aquele barulho característico. Ao tirar a calça, percebi o tamanho do estrago. Fim da segunda roupa especial para o papai. Estava toda suja até parte das costas.

Outro banho?

Buscando uma saída mais prática, recorri ao semibanho de pia. Ok, podemos esquecer o semi: foi um banho completo.

Falha técnica: onde está a roupa para mais uma troca? Na gaveta.

Saída: meu roupão de banho e uma boa corrida até o quarto dela.

Nunca imaginei o quão importante seria ter meu roupão de banho próximo ao trocador. Sem muito tempo para pensar, peguei a primeira roupa da gaveta: um simples body e calça. Papai chegou sem nem imaginar o quanto ela estava arrumada e cheirosa cerca de vinte minutos atrás, justo o vestido que o papai correu para comprar assim que soube que teríamos uma menina. Todo sujo. Tudo bem: nada que uma boa lavagem não resolva.

Boa notícia: vocês se lembram do soluço?

Pois é, passou.

Será tudo isso fome?

Acordou chorando intensamente passadas duas horas desde a última mamada.

Será fome?

Acordou com algum barulho?

Ainda está com sono?

Será que está suja?

Será alguma dor?

Vamos eliminar as alternativas.

Suja não estava e não parecia ter sono.

Arrisquei colocá-la diante do seio para checar se não era fome. Enquanto eu me sentava na cadeira ela parou de chorar. Após ela abocanhar o seio, tentei observar se estava de fato mamando ou apenas usando meu peito para se acalmar.

Não tive dúvida: ela estava engolindo de fato, mamando com vontade. Mamou cerca de dez minutos em apenas um seio e dormiu. Suponho que queria apenas um reforço para seguir mais uma hora de sono até a próxima mamada.

No decorrer do dia, o choro se repetia a cada duas horas.

Comecei a pôr em questão se tudo aquilo era fome.

Ouvi muitas histórias de mães que passaram pela mesma situação, também achavam que era fome, seus filhos também se acalmavam quando colocados no peito e, seguindo essa ideia de fome toda hora, acabaram por criar filhos condicionados a se acalmar somente no seio, mesmo que o incômodo não seja fome.

Mantendo um olhar neutro, livre de julgamentos ou conceitos prévios, algo me dizia que o nosso caso era diferente. Tempo e sensibilidade. Estas foram as palavras-chaves que me permitiram, a partir de uma folha em branco, colecionar gestos, expressões e olhares significativos.

Minuto a minuto seguia compreendendo melhor seus sinais, construindo uma forma de comunicação particular. Não sei mensurar a quantidade de erros, acertos, falsos erros e falsos acertos, mas, com certeza, eu era a pessoa mais capaz de decifrar essa sutil linguagem.

O choro que interrompia no instante em que eu me aproximava da cadeira de amamentação, os movimentos que ela fazia com a língua como alguém que está salivando enquanto eu levantava a blusa, a amplitude e força com que ela mexia a mandíbula, a movimentação da orelha durante a sucção e a intensidade da deglutição. Os sinais eram subjetivos e nem sempre constantes, mas suficientes para eu confrontar opiniões alheias e sustentar minha tímida conclusão e conduta.

Dois dias se passaram mantendo a rotina das mamadas de duas em duas horas, para a infelicidade do meu seio, braços e costas. Entre dar de mamar e colocar para arrotar, eu passava metade do dia sentada na cadeira dividida entre a felicidade por ter leite e poder amamentá-la e o cansaço e desgaste físico.

Um dia é compreensível, dois é tolerável, três é questionável. Após três dias de mamadas de duas em duas horas, meu seio estava acabado e minhas certezas se tornaram incertezas. Talvez devesse ouvir a voz das mães mais experientes...

Entre sim e não, decidi não a amamentar até que se completassem três horas.

Acordou, mamou, dormiu e, quando ela acordou duas horas depois, comecei a colocar meu plano em prática. Assim que o choro começou, resolvi distraí-la. Até então ela não dava a menor bola para brinquedos, então minhas saídas foram sons e músicas. Os primeiros cinco minutos passaram com sucesso, mas depois ela começou a se agitar e não passou muito tempo até que começasse a chorar. O choro era de lágrimas e piorava a cada segundo. Não havia nada que pudesse distraí-la ou acalmá-la. Seguindo orientações, insisti.

Em alguns momentos parecia que ia se acalmar, mas logo voltava a chorar. O relógio marcou o horário esperado. Foi um alívio para ambas. Minha filha mal fazia intervalos para respirar. Senti-me a pior mãe do mundo por tê-la deixado passando fome todo esse tempo. Prometi a mim mesma não fazer isso de novo.

No dia seguinte, ela não parou de chorar quando me sentei na cadeira, nem salivou enquanto eu levantava a blusa. Ao colocá-la no seio, ela o abocanhou e se tranquilizou, mas havia algo errado. Percebi que o movimento da mandíbula era curto, rápido e mais fraco que o de costume. Estava deglutindo, mas não efetivamente fazendo o movimento para sugar.

Opção fome descartada, sobrou opção sono ou dor. A esta altura, o choro não estava mais constante. Os gritos iam e vinham. Nos intervalos conseguia raciocinar, nos momentos de choro, sofria mais do que ela.

Esperei cinco minutos para dar uma chance dela se acalmar por conta própria. Bem dizendo foram dois segundos com sensação duradoura de duas horas. Não tinha muita lógica, mas pensei em trocá-la como uma saída para acalmá-la e me dar um fôlego. Liguei a torneira. O barulho da água fez com que ela se acalmasse. Dormiu em questão de segundos. Ufa!

Dor?

Incômodo?

Sono?

Os dois juntos?

Não sei, mas, pelo menos, consegui resolver.

O que diriam as mais experientes?

Engraçado pensar em mães mais experientes. Posso ser mãe de primeira viagem sem nenhuma experiência, mas tenho uma vantagem sobre as mães "experientes": convivo com minha filha há doze dias. Posso afirmar sem sombra de dúvida que ninguém bate meu tempo de experiência.

Inesperados

Chegara o fim de semana e também uma mudança na nossa rotina. Durante o dia, ela acordou de três em três horas, sendo a programação da noite dormir das onze às cinco da manhã, finalizando o processo ao acordar às cinco e meia. Seu relógio tinha sido regulado.

Certo?

Não sei, mas curiosamente estava me sentindo bem, confiante para deixá-la seguir sua rotina.

Hoje, em especial, muitos aproveitaram para nos visitar. Adorei receber minhas amigas e parentes em casa, mas elas não vinham exclusivamente para me ver e esse era o problema. Com essa rotina restrita a mamar e dormir, todos chegavam ou no momento que ela estava mamando ou dormindo.

Poucos vinham somente para olhar a distância, queriam pegar no colo e ver de perto. Pergunto-me: como? Certamente sua rotina mudaria rapidamente e em breve este problema seria resolvido, mas até então ela acordava chorando de fome, seguíamos para a troca de fralda, mamava um lado, caso fizesse as necessidades repetíamos a troca, mamava o outro e dormia em seguida.

Quando ela acordava chorando, não tinha como aguentar os gritos por mais de cinco minutos. Uma criança de quinze dias com fome, não há como distrair com brinquedos ou canções. Se pensarmos em nós como adultos, imaginem ter uma dor constante que piora a cada momento sem que possamos entender a causa, nem imaginar uma solução ou prazo para melhora. Não seria um desespero? Resumindo, quem chegou nesta hora não teve sorte.

Momento da troca. Não precisamos ir muito longe, afinal visitas geralmente não fazem questão de realizar tal tarefa.

Colocada a fralda, sua paciência geralmente já está no limite, ansiosamente à espera do momento da mamada.

Durante a mamada, algumas amigas entravam no quarto para nos cumprimentar, mas era um momento delicado. As dores no seio ainda tornavam o momento das mamadas um pouco tenso para ser social.

Pausa entre um seio e outro?

Dificilmente ela aceitava, a menos que tivesse intenção de preencher a fralda. Desde que o visitante não sentisse um cheiro ou ouvisse o barulho característico, este momento talvez fosse a única oportunidade de ver seus olhinhos abertos.

Terminada a mamada, dormia imediatamente.

Para a tristeza das visitas, a grande maioria conseguia curti-la somente à distância e quase sempre de olhos fechados, e os poucos que se arriscavam a pegá-la recebiam como cumprimento um choro estridente nada amigável.

Sem meu marido em casa, a situação era ainda mais delicada. Ninguém para oferecer uma água, um café, chocolate ou indicar o banheiro. A casa estava aberta para todos, mas, no requisito recepção e hospitalidade, deixávamos a desejar. Constrangida e sem opção, ficava na expectativa de que compreendessem minhas limitações. Enfim, mesmo que informal, visita de médico ou carteiro, estava feliz de poder ver todos.

Às dez horas da manhã do décimo segundo dia, tivemos uma surpresa: nossa filha resolveu explorar um pouco o mundo. Mamou como de costume, mas não dormiu logo em seguida. Aproveitei para mostrar a ela um brinquedo novo, todo colorido, mas ela só tinha olhares para nós, nada mais interessava.

Com o rosto bem próximo ao dela, admirando cada detalhe, ficamos fixados àqueles olhos cinza azulados, ora direcionados para mim, ora para meu marido.

O que eu senti naquele momento? Algo absolutamente indescritível.

Seis da tarde. Era o seu momento de conhecer o mundo e o momento mais especial do meu dia.

Só tinha um problema. Quase sempre o momento descoberto era surpreendido por um soluço. A Maya soluçava muito, um soluço forte, persistente, às vezes mais de uma vez por dia.

Conversando informalmente com amigas e parentes, já mães de mais de uma viagem, tive acesso às mais variadas receitas e explicações. Felizmente as opiniões entraram em consenso: soluçar é normal. Como no meu caso, soube de outras mães cujas filhas ou filhos soluçavam até mesmo dentro da barriga no período de gestação. Na falta de uma causa ou forma de combate cientificamente comprovada, só me restavam as receitas e explicações caseiras, tradicionalmente passadas de geração em geração.

Golpe de ar frio. Já passei por experiências de soluço causadas por este fenômeno, mas no caso dela não parecia ser.

Engolir ar durante a mamada. Uma causa possível. O problema é que nem sempre o soluço ocorria logo após a mamada. Depois de quinze minutos, meia hora, às vezes até depois de uma hora do horário da mamada. Realmente ficava difícil determinar uma relação de causa e consequência.

Rir e soluçar. A dupla é conhecida, mas ainda não estávamos no estágio das risadas.

Regurgitar e soluçar. Uma relação interessante, já que ela regurgitava com frequência e nem sempre logo após as mamadas.

Observei e pensei. Por fim, arrisco uma opinião.

Ela tinha mamado bastante e dormiu logo em seguida. Após arrotar, coloquei-a no berço. Acordou cerca de meia hora depois. Por acaso, eu estava por perto e senti sua movimentação. Peguei-a no colo e observei uma rápida contração em seu pescoço, como se ela fosse regurgitar. Com um paninho em mãos, protegi a roupa a fim de evitar mais uma troca, mas meu cuidado foi desnecessário. Percebi que o leite voltou mas foi engolido novamente antes que pudesse vazar pela boca. Um segundo depois surge o soluço. Causa provável: um regurgitar que não chega a vazar pela boca, não acaba em roupas sujas mas em um forte soluço. A descoberta trouxe um esclarecimento, mas também uma grande preocupação. Naquele episódio ela estava em uma posição verticalizada, no meu colo, mas fiquei apreensiva em pensar que ela poderia estar deitada. Morte súbita. Não gosto nem de escrever estas palavras. Como prevenir? Seguindo as orientações médicas, eu colocava-a no berço sempre de barriga para cima com a cabeça virada para o lado, procurando alternar entre direito e esquerdo, mas a verdade é que vivenciar esta situação me fez sentir mais vulnerável. A preocupação a mais não chegou ao ponto de perturbar meu sono, mas confesso que, durante o dia, passei com mais frequência em frente ao seu quarto.

Deixando de lado a possível causa e a polêmica descoberta, segui em busca estratégias de combate, afinal o soluço estava persistente.

Vamos às sugestões das mais experientes:

1. oferecer um pouco mais de leite, no caso, materno.
2. colocar uma fita vermelha na testa.
3. deitá-la de bruços.
4. dar um beijo na testa.

Adianto que nenhuma das sugestões de fato funcionou com regularidade.

Esta manhã, o soluço passou logo após um beijo na testa.

Dizer que uma mulher tem a pele de bebê é sem dúvida um elogio. Lisa, macia, sem rugas. Um modelo digno de propaganda. Até então eu compartilhava deste senso comum, mas hoje notei algo realmente inesperado. Percebi sua pele oleosa na região da face, em especial na testa em torno do nariz. Mais de perto, notei que estava cheia de cravos perto do nariz. Pele oleosa e cravos. Nunca imaginei que um bebê poderia sofrer deste mal. A causa ainda não está cientificamente comprovada, mas especialistas dizem que pode estar relacionado aos hormônios da mãe em fase de reorganização que acabam afetando diretamente o bebê por meio do leite materno. Esclarecida, mas ainda um pouco decepcionada, segui lavando o rosto somente com água à espera de rever aquela pele de bebê digna da fama que recebe. Tempo, água e nada mais. Felizmente o tratamento era simples e a promessa de melhora era quase cem por cento garantida.

Enquanto nós adultos passamos cremes por dias para recuperar ou ao menos amenizar o quadro de cravos e oleosidade, ela simplesmente acordou. No dia seguinte a pele voltou tal e qual toda mãe imagina que é e deseja que seja.

Um mês. Seria a primeira vacina dada com a minha presença. Estava chovendo muito, mas era dia de vacina e não queríamos adiar. Fomos até o posto de saúde mais próximo da nossa casa.

A vacina seria intensa: duas picadas, uma em cada coxa e outras duas, via oral.

Quem segura?

Gentilmente, meu marido se ofereceu.

Ouvi dois gritos, depois silêncio. Parou de chorar assim que o pai pegou no colo.

No caminho de volta para casa adormeceu no carro. Acordou com bastante dor no local da picada, mas, pelo menos, não estava com febre.

Mamou, mas não dormiu em seguida como de costume. Estava cansada, mas bastante incomodada pela dor. No colo o consolo ainda era pior. Difícil segurá-la sem encostar-se em nenhuma das pernas.

O banho foi uma ótima saída. Água morna e uma delicada massagem no local aliviaram-na, mas, logo após, o desconforto, mesmo que menor, ainda a incomodava.

Já era noite. Tentei novamente niná-la no colo, mas ela não conseguia se acomodar. Estava ficando cada vez mais nervosa e eu cada vez mais cansada. Tive saudades do silêncio e paz no momento do banho, mas não seria uma atitude sensata voltar à banheira.

Bolsa de água quente. Como o raciocínio fica limitado e lento quando ao fundo temos um choro incessante. Uma saída, aliás, mencionada pela própria enfermeira no momento da vacinação.

Sem opção de terceira mão no momento, coloquei-a no berço para que eu pudesse aquecer a água com segurança. Segundos depois, antes mesmo de entrar na cozinha ouço, ou melhor, deixo de ouvir.

Silêncio. Apesar do alívio, achei estranho a forma súbita com que o choro foi interrompido e decidi retornar ao quarto para verificar se estava tudo bem. Estava dormindo como um anjo. Não resisti em dar um leve beijo na testa, apreciando a ausência do soluço, aquela bochecha lisa e macia e sua doce expressão de tranquilidade.

Choros à noite

Tudo fluía sem grandes mistérios, mas à noite, pela primeira vez, tivemos imprevistos. Às oito horas da noite, ela mamou e não dormiu em seguida como de costume, ao contrário disso, começou a chorar. Tentei ver se ela não queria reforçar a mamada. Não faltava leite, mas ela recusou. As visitas aproveitaram para pegá-la no colo e curti-la de perto. Em poucos instantes, ela ficou nervosa como nunca. Não acalmava no seio, no colo, de forma alguma. Os palpites foram o bastante para deixar qualquer mãe sem rumo e qualquer bebê fora de si. Uma hora depois ela dormiu, exausta, com os olhos inchados.

O choro às oito da noite infelizmente persistiu pelos próximos dias. Estranhei a pontualidade com que o choro começava todos os dias exatamente às oito horas. Uma ocorrência intrigante, mas nada original. Conversando com outras mães e buscando informações sobre o assunto descobri que eu tinha bastante companheiras na mesma situação. Senti-me totalmente identificada com as histórias alheias, inclusive no que diz respeito à frequência, à pontualidade e até ao horário.

Estudos indicam que um em cada cinco bebês tem crises de choro seguindo pontualmente um horário, em geral no fim da tarde, podendo durar até a hora de dormir. No entanto, mais estranho que a coincidência dos fatos, é o desconhecimento da causa. Um quinto das mães passa por isso e ninguém sabe o porquê.

Tenho certeza de que muitos leitores estão com a hipótese da cólica em mente. O palpite é possível, mas sejamos mais criteriosos antes de fechar o diagnóstico.

Segundo dizem os especialistas, há uma regra para diagnosticar a cólica. É a "regra do número três". Quando o choro é inconsolável e aparentemente alterna momentos de choro mais brando e gritos intensos por no mínimo três horas, quando os episódios ocorrem cerca de três vezes na semana e quando tudo isso ocorre por volta da terceira semana de vida, a causa pode ser cólica.

Terceira semana de vida, duração de no mínimo três horas, periodicidade de no mínimo três vezes por semana. A descrição condizia com o que eu estava passando, mas não completamente. Estávamos na quarta semana de vida, a frequência estava dentro dos limites do critério, mas felizmente o choro inconsolável, apesar de ter um tempo de duração bastante variável, em nenhum episódio passou de uma hora. Não que duas horas a menos pudessem descartar a causa, já que certamente nem todos os bebês seguem a regra matemática, mas achei um tanto quanto precipitado fechar qualquer conclusão.

Cada dia foi um dia com suas próprias estratégias, momentos de pânico, momentos cômicos e soluções.

Nossa rotina era mais ou menos assim: durante o dia, ela mamava e dormia com breves episódios em estado alerta. Das oito às dez, ficava acordada; das oito às nove, incomodada; e das nove às dez, bem-humorada. Uma rotina curiosa e talvez um pouco noturna demais para uma bebê tão pequena, mas que se repetia.

Algumas mães com experiências sofridas de convivência com bebês que dormiam tarde da noite, ou pior, que passavam a trocar o dia pela noite, transformando a mãe disposta, amorosa e paciente em um zumbi, exausta e impaciente, me alertavam incansavelmente sobre a importância de estabelecer um padrão de sono desde os primeiros meses de vida.

Os relatos me aterrorizavam, mas como intervir?

Como escolher o melhor horário para ela dormir?

E o mais difícil: como implantá-lo igualmente regulamos um despertador?

Confesso que independentemente de estar amedrontada com as histórias de exaustão não conseguia considerar o agora como o momento certo de intervir. Minha inquietação tinha outro motivo. Ficava a me perguntar o porquê do sofrimento das oito às nove. Era inexplicável como, de repente, ela se acalmava. Às vezes soltava gases, às vezes evacuava, às vezes nada acontecia, simplesmente passava. Fui dormir com a pergunta em mente, não muitas hipóteses e definitivamente nenhuma resposta.

Sexto dia de choro.

Seus olhos estavam pequenos e aparentemente cansados. Pensando ser sono a real causa das crises de choro, resolvi inovar a tática de hoje. Primeiro chequei se ela queria mamar mais um pouco. Como não estava com fome, coloquei-a no berço. Permaneceu tranquila, mas acordada. Arrumei o cobertor, dei-lhe um beijo de boa noite e sai do quarto. Jantamos tranquilamente sem ouvir nenhum murmúrio.

– *Deve estar dormindo* – disse meu marido ainda comendo.

– *Simples assim?* – é bom demais para ser verdade.

Assim que terminamos nosso tranquilo jantar a dois, fui verificar se ela estava bem. Imaginei encontrá-la talvez descoberta, talvez sem meias, mas jamais pensei em vê-la acordada. Estava acordadíssima, olhos atentos admirando o teto do quarto que particularmente tinha um toque especial. Inspirada na foto de uma revista de interiores, escolhi uma cor de tinta entre o azul-claro e o lilás para pintar listras que seguiam pela parede e continuavam até um ponto central no centro do teto, onde estava justamente posto o lustre branco estilo holandês. A decoração dava uma sensação de estar numa tenda. Não sei ao certo de que forma ela via, mas não havia dúvidas que ela estava olhando.

– *Não está estranho? Já são dez horas e ela continua acordada e tranquila. Será que ela está bem?* – perguntou meu marido, um pouco apreensivo.

– *Uééé, uéééé, uééé* – respondeu nossa filha.

O choro era constante e ritmado. Era o som da fome e talvez também do sono, levando em consideração o horário pontual: dez horas.

O fechamento do dia foi o mesmo, mas, esta noite, não tive que suportar a crise de choro e pude jantar tranquilamente com o meu marido.

Analisando os fatos antes de dormir, uma ideia me veio. Não digo que ela não estava com sono, mas talvez o motivo do choro seja o cansaço e não o sono. Talvez o choro fosse um pedido para diminuir a luminosidade do ambiente e simplesmente deixá-la quieta, deitada com o mínimo de agitação possível ao redor. Nada concluído, fui dormir à espera do próximo dia.

Oitavo dia de choro.

Quanto mais acordada, mais difícil para dormir à noite. Hoje claramente pude notar a relação entre um dia mais agitado e a dificuldade para relaxar na hora de dormir. Uma relação, aliás, bastante conhecida, principalmente nesta fase entre terceira e a quarta semana de vida. Antes disso os bebês ainda não acordam realmente para o mundo e, depois desta fase, já se habituam a certa agitação, mas nesta fase tudo é novidade e o dia cheio de novas o bastante para sobrecarregá-los de sensações.

Cheiros, vozes, sons, luzes, calor, frio, tudo é novidade, tudo interessa, mas às oito da noite tudo cansa. Independentemente de o dia ser agitado ou não, o simples fato dele ser já é bastante informação para alguém que viveu no escuro, não tendo nenhuma sensação tão direta quanto um toque ou um cheiro.

Conclusão da semana: nem sempre todo choro inconsolável é cólica. A exaustão pode ser um motivo bastante o suficiente para criar uma situação desesperadora. Enfim, bebês choram porque não sabem fazer outra coisa e nós precisávamos ter muita paciência e calma para não perder o humor.

Pelo menos eu tinha um grande consolo para balancear as noites de stress. Minha filha parecia disposta, dormia e mamava bem, mantinha um bom funcionamento intestinal e urina incolor, presente em todas as trocas de fralda. Observar estes cinco pontos indo mal seria uma tragédia, mesmo que não necessariamente patológica. Uma parte dos cinco seria uma preocupação a mais, mesmo que não necessariamente um problema. No entanto, observar os cinco indo bem garantia uma completa tranquilidade para superar o cansaço de cada dia com a segurança de estar no caminho certo.

Na segunda consulta, o pediatra confirmou minha avaliação caseira. Eu estava tendo a recompensa, imagino eu, que toda mãe espera ter.

Que tal uma viagem?

Um mês e vinte um dias.

Que tal uma viagem?

A esta altura do campeonato, nesta época do ano, ir para qualquer cidade de praia seria inviável, já que dificilmente acharíamos qualquer lugar decente para ficar por um preço justo. O destino montanha era uma opção viável, menos procurada nesta época do ano. Tínhamos onde ficar. Seria trocar uma casa por outra, nada aparentemente arriscado para nossa pequena. Mesmo assim eu tinha muitas incertezas. Principal ponto: não queria estragar a rotina dela. Está tudo tão perfeito, previsível, sem stress, ela quase nem chora, seria péssimo pôr tudo a perder. Segundo ponto: trânsito. Não sabia como ela se comportaria no carro caso pegássemos horas de congestionamento, o que era bem comum nesta época de fim de ano. Teríamos que estudar o melhor horário para sair de casa. Terceiro ponto: o frio. Até então nossa filha só conhecia o calor, bem dizendo: que calor! Tinha receio que ela sentisse muito a diferença de temperatura.

Primeiro dia de férias para o meu marido, mais um dia de mãe e dona de casa para mim. A casa amanheceu uma zona e eu estava esgotada com essa rotina de lavar, passar, cozinhar, limpar e cuidar da Maya. Agora, de férias, meu marido poderia me ajudar, mas ele estava tão cansado, merecendo realmente férias, um bom descanso.

Por que não ir viajar? Seria uma saída ótima em busca de descanso. Meus pais e minha irmã decidiram ir caso a Maya fosse. As férias de todos dependiam da presença de alguém que pouco consegue opinar ou decidir algo. Sobrou para a mãe resolver. Eu só conseguia pensar em ter ajuda. Um pró-viagem realmente convincente, que se destacava sobre os possíveis contras.

Fizemos a mala e saímos. Foi muito rápido. Simplesmente levei tudo. Todas as roupas, toalhas e paninhos. Dei de mamar e saímos em seguida, algo em torno das três da tarde. Sem congestionamentos teríamos três horas de viagem pela frente e assim foi, tivemos sorte. Ela dormiu a viagem toda, sem pausas. Chegamos ao destino com ela ainda dormindo.

Assim que acordou, mamou, e começou a chorar escandalosamente. Estava exausta, não queria mamar, não ficava no berço, não se acalmava no colo, nada parecia resolver.

– *Não devíamos ter vindo* – disse meu marido, tenso e arrependido.

– *Sabia que não seria uma boa, não sei por que viemos* – completou aflito, com ela nos braços chorando desesperadamente.

Mantive-me em silêncio para não dramatizar ainda mais a situação, mas compartilhava do mesmo arrependimento. Alguém precisava manter a calma, mas estava realmente difícil. Estávamos impressionados com o desespero dela, pois, até então, não tínhamos vivenciado algo parecido.

Hora do jantar. Mesa posta, família reunida. O choro continuava.

Vieram os palpites:

– *Será que ela não está com fome? Já tentou oferecer o seio?*

– *Será que não é frio?*

– *Será que ela não está suja?*

– *Será que não é cólica?*

As três suposições básicas, sendo a última mais específica para a faixa etária. Eu já havia considerado cada uma delas. Nenhuma colocação foi inovadora, afinal os bebês choram pelos mesmos motivos há milênios.

Atendendo aos pedidos, ofereci o seio, troquei novamente a fralda e permiti que todos tentassem acalmá-la a seu modo. Não faltaram tentativas, mas nenhuma teve sucesso. Os palpites insistiam:

– *Eu ainda acho que ela está com fome. Acho que seu leite não está mais sendo o suficiente.*

– Eu ainda acho que ela está com frio. Ela não tem um macacão de inverno?

– Eu ainda acho que ela não está confortável com esta fralda, vocês já experimentaram outra marca?

Uma coisa eu simplesmente tinha certeza: não era fome. Não precisava sequer pressionar o seio com força para ver o leite sair na forma de jato e o fato dela não se acalmar no seio, a meu ver, confirmava a ausência de fome.

Cólica? Era uma opção possível.

Refluxo? Não sei dizer. O caso clássico, regurgitar e chorar, é um pouco mais fácil de diagnosticar, mas o problema é que nem todos os casos se apresentam desta forma. Podem variar entre bebês que colocam para fora muito mais do que um simples regurgitar, a bebês que não chegam nem a colocar algum leite para fora. Entre bebês que choram desesperadamente logo após, que choram um pouco, outros que apenas ficam incomodados. Difícil, né?

– Podem ir jantar, não se preocupem, ficamos aqui com ela – dissemos para o restante da família.

Dois adultos esclarecidos, não éramos capazes de dar fim ao choro de um bebê.

Uma e meia da manhã. A essa altura o clima já estava tenso. Não havia um culpado, mas, em situação de stress, cada um descobriu um argumento para culpar o outro. No momento em que a tensão estava chegando ao limite, soltou o seio e me presenteou com um lindo sorriso. Tudo o que eu queria naquele momento era vê-la dormindo, mas confesso que aquele sorriso me conquistou.

Consciente ou não, estava realizada em vê-la sorrindo para mim. Coloquei-a no berço. Ainda estava acordada, mas parecia tranquila. Apagamos a luz e nos deitamos exaustos. Não ouvimos mais reclamações. Imagino que ela dormiu. Aliviados, sorrimos um para o outro ao ver o estado em que estávamos por conta do choro de um bebê.

– *Está com fome?* – perguntou meu marido, em tom de voz o mais baixo possível.

Para evitar acordá-la, apenas acenei com a cabeça.

O prato estava pronto. A tarefa não podia ser mais fácil, mas o problema era a falta de energia para levantar-se da cama. Praticamente entregue ao sono, fui induzida a levantar por uma mão que me conduziu a cozinha.

Enquanto comíamos o silêncio era absoluto, o sabor merecia a pausa de todo o resto para ter seu merecido apreço. Ao fim, olhamos um para o outro e fomos contagiados por uma risada incontrolável. A gargalhada foi o clímax do relaxamento após um longo período de tensão. Apesar da exaustão, a sensação de bem-estar após resolver um problema trabalhoso e difícil é sempre melhor e mais intensa do que quando se trata de um problema de simples resolução.

Momentos antes de dormir, fiquei pensando sobre o ser mãe que em mim surgia. Confesso que estou numa fase de sentimentos bastante extremos e inconstantes, mas apesar das dificuldades, fazendo uma avaliação pessoal, acredito que estou aprendendo a ser e viver num estado de espírito à parte dos problemas. Não que eu estivesse me tornando inabalável, longe disso, mas posso dizer que eu estava me acostumando aos problemas do dia a dia.

Não deixei de ter dúvidas, de cometer erros, de ouvir horas de choro em companhia de comentários e palpites desnecessários, mas eu estava menos abalada com eles, aceitando mais a ideia de que eles fariam parte da minha vida, pelo menos pelos próximos dias.

Dia após dia, o aprendizado e o hábito estavam tornando as coisas mais fáceis e automáticas. Talvez novos problemas surjam e certamente surgirão, mas pensar que os antigos seriam passado, fazia eu me abalar menos com eles. Um dia tudo isso será passado. Apesar das dificuldades, capaz que eu sinta saudades.

Após três dias de chuva, finalmente São Pedro deu uma trégua. Não tinha sol, mas o céu estava claro. Poderíamos finalmente dar uma volta com ela para além das quatro paredes. Animada com a ideia, segui à procura de companhia, mas a casa estava silenciosa demais.

Um recado em cima da mesa confirmou minha suspeita: ninguém estava em casa. Eles haviam saído até o mercado para repor a despensa já bastante desfalcada. Sozinha ou acompanhada, eu não podia desperdiçar a oportunidade de sair sem chuva.

Preparei uma pequena bolsa com os primeiros socorros, coloquei-a no carrinho, tranquei a porta da casa e encontrei o cão já no aguardo, próximo ao portão de saída. Geralmente ele era meu companheiro de caminhadas, mas tive receio de sair com ele nestas circunstâncias.

Mãe, bebê, carrinho e cachorro. A cena era relativamente comum nas ruas onde eu moro e eu adoraria poder fazer o mesmo, mas infelizmente não era viável. Cachorros podem pacificamente sair com suas donas e os carrinhos de bebês, mas, tratando-se do Ralph, isso não seria possível. Apesar de ser teoricamente um pacífico labrador, ele costumava ser bastante indisciplinado ao ver outro cão do sexo masculino cruzar seu caminho. Duas mãos era pouco para segurá-lo, quem dirá somando a tarefa de conduzir um carrinho de bebê. Passear com ele por ruas movimentadas por outros cachorros sempre foi uma aventura arriscada.

Resolvi restringir meu passeio até o fim da rua, algo em torno de cinco minutos e na volta me sentei na parte externa da casa com a Maya e o Ralph. Ambos estavam deitados, ela no carrinho e ele no chão ao meu lado, parecendo nem notar a presença do estranho objeto de quatro rodas. A Maya se manifestou pontualmente no horário da mamada. Ambos fomos atender ao chamado, mas antes que ele pudesse pular para tentar ver a fonte do barulho eu disse de forma firme e delicada.

– *Senta.*

Não era sempre, mas desta vez ele obedeceu.

Poucos minutos depois retornou com uma bola de tênis toda babada e cheia de lama na boca. Ele queria brincar, ela queria mamar.

Como atender os dois?

Aplausos às mães que tem mais de um filho. Haja jogo de cintura para atender a todos. No meu caso foi mais simples: um toque de pé que não interferiu na mamada, fez a alegria do Ralph.

Fim das férias.

Voltamos logo pela manhã, enquanto ela ainda dormia. Abriu os olhos lentamente, olhou em torno, estava séria, com a testa franzida, parecia até um pouco brava. Nenhum de nós estava animado por estar de volta a São Paulo, o clima de lá, a tranquilidade e o ar puro deixavam saudades. Nunca saberei exatamente até que ponto ela foi capaz de elaborar seus motivos, mas o fato é que passou o dia todo com a cara fechada e séria. Nenhum brinquedo parecia interessante, nenhuma canção parecia agradar aos ouvidos. Como o dia de hoje, seu mundo estava cinza. A ameaça de chuva desmotivava passeios mais elaborados, mas, na medida do possível, arrisquei pequenas voltas pelo quarteirão para afastar o clima de desânimo e tédio.

No dia seguinte, o baixo-astral ficou para trás. Estava bem-disposta como de costume, mas desta vez com um algo a mais. Mais atenta, mais esperta, mais curiosa. Impressionante como ver novas coisas, pessoas e lugares enriquece o saber de uma criança. A viagem fez muito bem a ela. Quanto a nós, posso considerar que voltamos de viagem um pouco mais relaxados, achando as coisas um pouco menos complicadas.

Sempre um "porém"

Ultimamente todos os programas são acompanhados de um "porém". Porém onde vamos deixar a Maya, porém como vamos levá-la, porém temos que voltar antes da hora do almoço ou jantar dela, porém será que o lugar não é muito frio para ela, muito barulhento, tem aonde trocar.

Alguns mais tensos outros mais fáceis de superar. A lista era bastante dinâmica. A cada dia receios eram superados e outros surgiam.

Vou confessar um dos meus medos: levá-la na casa de outros que não meus pais e minha sogra. Ficava constrangida só de pensar em sobreviver àqueles choros escandalosos em público.

Aproveitando que hoje ela completava seu terceiro mês de vida resolvi enfrentar meu medo e arriscar uma ida até o clube.

Reforço: planejamos. Os três se arrumaram até que rápido, mas, a caminho da porta, ela regurgitou. Não foi muito, mas o suficiente para sujar a roupa. De volta ao quarto, fizemos a troca de roupa e fomos novamente rumo à porta. Ainda no corredor, regurgitou de novo e desta vez na camiseta do papai. De volta ao quarto, os dois precisaram escolher um visual novo. Arrumados os três, finalmente chamamos o elevador. Assim que a porta do elevador se fechou ela fez cocô. De volta ao quarto, desta vez para trocar a fralda. Olho no relógio: já era quase meio dia. Era hora de mamar novamente. Mamou e dormiu em seguida. Sair com ela dormindo era uma possibilidade, mas a esta altura do campeonato meu marido já havia ligado a televisão.

– *Vem ver o filme que está passando. Aquele ótimo que você adorou* – disse ele, entusiasmado.

– *Ok, entendi o recado* – respondi, sem resistir à sua vontade.

Deixamos nosso plano para mais tarde.

Chegando no clube, antes de entrar já era possível perceber o intenso movimento dos carros na porta de entrada. Porta adentro, a quase certeza foi confirmada: lotado. As pessoas vinham mexiam, faziam sons, caretas, ela estava se divertindo.

Passados trinta minutos, começou a reclamar e logo começou aquele choro desesperado. Era hora de ir embora. Encontrei minha prima, próxima à porta de saída. Ela morava perto do clube e nos convidou para almoçar na casa dela.

Aceitamos o convite na torcida para que, saindo de tanto agito, ela dormisse e nos deixasse descansar um pouco.

Na casa dos meus tios, a agitação era menor, mas com o calor, mesmo vestindo somente uma camiseta de algodão, ela não conseguia relaxar.

Resumindo: não consegui almoçar nem conversar. Afastada para não incomodar a todos com o barulho do choro, fiquei sozinha, tentando acalmá-la. Estava me sentindo péssima, fracassada em dose dupla: primeiro por não estar presente e segundo por não conseguir acalmá-la. A tarefa não foi fácil, mas, por fim, ela dormiu. Alívio.

Cerca de vinte minutos depois acordou chorando toda suada. Nada a acalmava. Era hora de ir embora, desta vez, definitivamente para casa. Todos tinham terminado o almoço e eu por sorte tinha comido alguma coisa no clube.

No carro, dormiu rapidamente. Nada como um ventinho de carro em movimento para refrescar o calor.

– *Que vexame* – desabafei meu constrangimento com a situação.

– *Aposto que o assunto da mesa foi "a bebê chorona que não deixou ninguém comer em paz".*

– *Relaxa que ninguém nem notou que ela estava chorando* – respondeu meu marido.

Ouvir tal comentário foi bom e ruim ao mesmo tempo. Meu lado talvez um pouco carente dizia:

"Eu não estava na mesa e ninguém reparou, ninguém se preocupou, ninguém deu importância."

Já meu lado constrangido dizia:

"Que sorte que a única constrangida na história fui eu e que bom que não falaram mal de nós."

Carência à parte, acho que considerei mais o fato de não ter estragado o almoço em família.

Chegando em casa, suas mãos estavam frias mas um pouco úmidas. Será frio ou ela está suada?

Difícil chegar a uma conclusão. Já havia escutado de outras mães e inclusive de especialistas casos de bebês que transpiram constantemente pelas mãos e pés sem qualquer relação com calor, mas como saber se neste caso era um sinal de calor ou não?

Não há dúvidas que estar num mesmo ambiente não implica num consenso sobre calor ou frio. Há os mais calorentos, os mais friorentos, os que vieram correndo, os que estão sentados há tempo, os agitados, os com sono, variáveis suficientes para embasar contraditórias opiniões.

À parte do interminável tirar e por blusas, calças e meias, resolvemos checar a temperatura para descartar uma febre. Talvez fosse sono e cansaço, mas estranhei aquele olhar cansado, meio caído.

36.8. Normal ou não? A temperatura era duvidosa. Do ponto de vista médico o estado febril só é diagnosticado acima de 37, mas nem por isso o valor de 36.8 descartava a hipótese. Em primeiro lugar, pois a temperatura corporal dos bebês pode variar rapidamente de um estado de febrícula a febrão e, em segundo lugar, pois confesso não poder descartar uma margem de erro considerável, afinal não foi fácil mantê-la imóvel com o termômetro embaixo do braço pelos cinco minutos.

Em bebês muito pequenos, há quem indique a medição retal ao invés da tradicional embaixo do braço por ser mais fidedigna. Acredito e respeito a escolha de cada um, mas continuo mais confortável com o tradicional termômetro embaixo do braço.

– Não devíamos tê-la levado para o meio de tanta gente. Muita agitação. Acho que não foi uma boa ideia.

Sim ou não, não tinhamos tempo para remorsos.

– Tirar ou pôr a blusa e as meias?

Ainda não conseguimos chegar a uma conclusão. Enfim, calor ou frio, um banho me pareceu uma boa saída para relaxar, aquecer ou refrescar.

A banheira estava um pouco menos cheia que de costume quando nossa tolerância ao choro se esgotou.

– A água já está quentinha?

– Vai assim mesmo então.

Tivemos uma boa descoberta. Com menos água (em torno de meia banheira preenchida) ela ficou mais à vontade. Parecia mais segura para movimentar pernas e braços, inclusive na delicada hora de lavar a cabeça, na qual costumávamos sempre ouvir reclamações e expressões de susto.

O banho foi rápido, mas foi o suficiente para livrá-la do misterioso incômodo. Saiu do banho, mamou com vontade e dormiu em seguida.

Ficar de olho na temperatura.

Nosso cuidadoso pediatra recomendou controle a cada três horas. Antes de dormir: 36.8. Onze e meia, acordei preocupada. 36.5. Passe livre para dormir em paz. Confesso que hoje tive um prazer maior em vê-la dormindo tranquila.

A chupeta

Dois meses. Nunca saberemos ao certo o porquê, mas esta noite ela chorou. Chorou muito, bastante o suficiente para nos deixar em pânico como daquela vez na viagem. Estávamos com visitas em casa e um jantar quase pronto para ser servido. Como na ocasião em que ela chorou na viagem, todos estavam compadecidos e dispostos a ajudar. Entre palpites, sugestões, críticas e conselhos foi lançada a polêmica:

– *Ela não tem chupeta?*

– *Não* – respondi, já supondo o efeito da minha resposta.

– *Como não! Vocês estão sofrendo à toa e ela também.*

Dar ou não a chupeta. Um assunto sempre polêmico. Não faltaram exemplos de vidas e lares transtornados que se transformaram radicalmente após o uso da chupeta. Bebês que de terríveis passaram a anjos, fim do drama na hora de dormir, uma solução rápida e prática para os momentos de desespero.

Contraindicação?

Ninguém na casa dava credibilidade ao assunto. Não faltaram nomes de usuários de chupeta que além de terem sido bebês tranquilos, cresceram espertos, sem problemas de dentição, arcada ou qualquer outro. Sendo uma conversa em família tendo todos em defesa da chupeta, qualquer palavra contra-alimentaria ainda mais a polêmica. Preferi não dizer, mas eu tinha meus motivos para não a ter comprado. A primeira razão particularmente contra era a estética. Achávamos feio, para não dizer horrível, a imagem de um bebê com aquela rolha na boca. A seguir vinha uma série de preocupações.

Antes de a minha filha nascer, enquanto eu providenciava o restante dos itens "necessários ter em casa", passei o olho pela ala das chupetas. Os diversos tipos, formatos, cores e marcas completavam quase duas fileiras na prateleira. No verso de cada embalagem, uma nota: "não recomendado para bebês em fase de amamentação". Já havia me informado sobre os estudos que revelam casos frequentes de bebês, principalmente quando introduzida a chupeta antes do terceiro mês de vida, que perderam o interesse pelo seio materno, outros que passaram a diminuir o tempo das mamadas, chegando inclusive a ponto de apresentar um problema de perda de peso por conta da satisfação em chupar a chupeta que acaba por mascarar a fome. Não era uma regra para todos os bebês, mas era um risco conhecido. Maiores explicações, indicações, contraindicações, efeitos colaterais? Além das instruções de lavagem pré-uso, nada mais estava escrito.

O que o hábito pode causar?

Fácil buscar e se informar.

"Devido à má postura da língua durante o uso da chupeta, a arcada da criança pode tornar-se estreita deixando o céu da boca profundo. Consequentemente, os dentes da arcada de cima são empurrados para frente, podendo fazer com que a criança desenvolva uma mordida cruzada. Todos esses fatores dificultam a respiração pelo nariz, levando a criança a desenvolver o hábito de respirar pela boca. Futuramente, a postura errada da língua pode causar dificuldade para produzir alguns sons na fala e para mastigar corretamente."

O cenário parece horrível e assustador.

Apenas uma curiosidade. Essa mesma chupeta é usada para estimular a sucção e para coordenar os movimentos de sucção, deglutição e respiração.

Curioso. Vilã ou aliada?

Acredito que possa ser ambas, a depender de como é feito o uso e com qual frequência.

"Por que chupeta não vem com bula?" – pensei comigo mesma.

Em quais situações ela poderia ser indicada para o bem da mãe e do bebê?

Tenho muitas incertezas, poucas respostas, três situações curiosas para contar.

A primeira delas aconteceu há uns dois anos atrás na casa de uma amiga que tinha acabado de ter seu primeiro filho. Um menino lindo de dois meses e alguns dias de vida que dormia tranquilamente no berço enquanto nós conversávamos sobre as aventuras passadas pela mãe no momento do parto. Naquela época, eu não era mãe e nem estava grávida e, como todas as mulheres, tinha uma curiosidade imensa de saber o que sente uma mulher na hora do parto. A história estava no clímax quando ele acordou chorando. Tendo a chupeta sempre à mão, a mãe a usou, calando o choro do filho que voltou a dormir rapidamente.

Problema resolvido, voltamos para os últimos cinco minutos da história. A conversa estava ótima, mas eu tinha outro compromisso. Sem me esquecer do novo membro da casa, cheguei bem perto do berço para enviar a ele um beijo de despedida. A cena daquele gostosinho dormindo dava vontade de apertar, mas eu não tive como não reparar na calça levemente suja entre as pernas. A fralda não tinha suportado o feito pastoso que acabou por vazar, sujando bem de leve a calça e o body.

– *Quando ele acordar eu o troco* – comentou a mãe, em tom baixo para não acordá-lo.

– *Você sabe o que faz, até mesmo porque eu não tenho a mínima noção de como cuidar de um bebê* – respondi, enquanto caminhávamos em direção à porta.

Naquela época minha vida e preocupações eram outras, mas hoje, como mãe, sou capaz de reviver aquela cena atenta a outros detalhes. Na ocasião apreciei aqueles minutos a mais de conversa, hoje, não consigo esquecer a cena daquele bebê dormindo todo sujo, mas tranquilo por ter uma chupeta na boca. Guardo esta história na memória como um exemplo de "contraindicação da chupeta".

A segunda é um pouco mais recente. Eu estava na casa de outra amiga quando seu filho começou a chorar inconsolavelmente. Não queria mamar, não queria dormir, não queria colo, não queria berço. "Está com cólica". Afirmou a experiente mãe de três filhos. Chegando por fim à causa, ela deu a ele um remédio, colocou a bolsa de água quente em sua barriga e esperou. Ele estava mais calmo, mas ainda se contorcia. Com a chupeta na boca, aos poucos seu corpo foi relaxando e sua expressão de dor diminuiu. O remédio ajudou, a bolsa de água quente ajudou, a chupeta ajudou. Guardo na memória este episódio como um exemplo de "indicação da chupeta".

Terceiro episódio. Eu estava na fila do banco quando presenciei o sofrimento da mãe de um viciado em chupeta. O filho deveria ter cerca de um dois anos de vida. Estava no carrinho, possivelmente com sono quando começou a chorar pedindo a chupeta. O menino chorava escandalosamente, sofrendo como alguém no auge de uma crise de abstinência. A mãe tentando restringir o uso da chupeta negou o pedido, desencadeando um choro ainda pior. À beira de uma crise de nervos e constrangida por estar em público rodeada de olhares de reprovação, a mãe acabou cedendo. A crise estava próxima do fim, mas houve um imprevisto. A chupeta não estava na bolsa. O sentimento de culpa e arrependimento era visível. Disposta a tudo tentou distrair o filho com brinquedos, niná-lo no colo, ofereceu um pão salgado, um biscoito doce, mas nada parecia resolver. A chupeta era insubstituível e, devido ao grande número de aposentados na fila do caixa preferencial, o tempo de espera possivelmente seria mais de dez minutos. Pode não ser tanto para os outros, mas para aquela mãe era tempo demais. Sem mais recursos, mesmo tendo esperado por mais de vinte minutos, a mãe acabou abandonando seu posto na fila e se dirigiu a porta de saída. Retornou minutos depois com o filho já dormindo no carrinho com a chupeta na boca. Possivelmente uma chupeta reserva no carro foi a salvação. De volta ao fim da fila tendo mais dez novas pessoas à sua frente, a frustração era visível. Chegou a minha vez. Mesmo correndo o risco de ser recriminada pelas pessoas que compunham a fila atrás de mim, julguei justo oferecer a cabine livre para aquela mãe, afinal ela estava na fila e apenas se ausentou por menos de cinco minutos.

– *Tem certeza?* – questionou a mãe, espantada com a minha atitude.

– *Pode ir* – respondi, indicando a cabine livre.

– *Muito obrigada* – respondeu a mãe alegre, tentando driblar as pessoas para fazer passar o carrinho até o guichê.

Antes de chegar ao atendente, a alegria da mãe foi interrompida novamente pelo choro do filho. A chupeta havia caído no chão. Sem pensar duas vezes a mãe pegou a chupeta do chão e a recolocou na boca do filho. O choro parou instantaneamente e a criança voltou a dormir. Ao ver aquela cena, fiquei imaginando como seriam as noites desta mãe. Seria ela a responsável por recolocar a chupeta na boca do filho cada vez que ele a perdesse pelo berço? Seria o sono do bebê interrompido a cada vez que a chupeta saísse da boca? Mesmo sem ter acesso a uma resposta fiquei a imaginar o sofrimento de ambos. O pensamento seguia longe, mas foi trazido para bem perto assim que eu notei a imundície daquele chão. Um pouco, talvez bastante nojento levar algo daquele chão para a boca. A sujeira trazida pelos sapatos existia em quantidade considerável, tratando-se de um espaço público com grande circulação de pessoas, mas sinceramente, apesar de racionalmente não concordar, compreendi a atitude da mãe em querer calar o choro do filho acima de qualquer medo de bactérias, afinal a tranquilidade de ambos dependia do tal objeto da paz junto à boca. Como julgar ou recriminar uma mãe naquela situação? Quantas outras mães de chupeteiros não passaram por isso? Quantas não cometeram a mesma "porqueira"? O detalhe pode ser considerado apenas mais uma fonte de sujeira entre tantas outras que todos os bebês e crianças entram em contato, mas, ainda assim, representa uma a mais. Guardo na memória este episódio como "efeitos colaterais do uso da chupeta".

Uma saída esteticamente feia, ocasionalmente suja e possivelmente questionável. Enfim, enquanto conversávamos, deixei de ouvi-la reclamar. Dormiu, simples assim. O assunto chupeta foi deixado de lado. Melhor assim, ainda não estava preparada para concluir nada a respeito.

Dois meses e um dia.

Acordou dez horas cravadas desde o horário que adormeceu ontem à noite. Devido à chuva, tivemos um dia sem aventuras, sem passeios, sem programas exóticos, mas não sem novidades. Assim que chegamos à sala, percebi algo novo em seu olhar. Os olhos permaneciam cinza esverdeados, sem uma cor definida, mas havia algo diferente. Eles pareciam mais focados, atentos, espertos e curiosos. Parecia encantada em ver tudo ao redor. Não sei se sua visão amadureceu em algum aspecto, mas ela parecia rever as mesmas pessoas e os mesmos objetos sob um novo olhar. Para nós adultos, o dia sem programações simplesmente passou, mas para ela cada segundo teve seu encanto. Notar, admirar e participar de cada novo foco que seu olhar assumia transformou o meu dia, aparentemente monótono, em um marco sutilmente especial.

Novamente tivemos choro à noite, desta vez um pouco mais persistente. No seio ela se tranquilizava, mas não parecia ter fome. Apesar do maravilhoso silêncio, meu seio certamente sofreria danos pelas mordiscadas sem intenção de mamar, sem contar o risco do leite a mais que estava sendo ingerido piorar ainda mais as coisas.

– *Não sei mais o que fazer* – desabafei sem mais esperanças.

Era hora de comprar uma chupeta.

Sendo assim, meu marido saiu para comprar a ajuda. Chegou em casa com uma chupeta azul, comprada na falta da opção rosa. Mais calma, ela estava quase dormindo em meus braços, exausta de tanto chorar. Não fizemos uso da chupeta, mas me senti mais segura em tê-la em casa, por perto, para casos de emergência.

Chegou antes do que podíamos imaginar.

No mesmo horário, ela começou a chorar e, como ontem, desesperadamente. Percebemos que se contorcia e gritava como se estivesse com dor. Preocupados e sendo pais de primeira viagem, telefonamos para o pediatra em busca de orientação. Pela descrição dos sintomas, o médico levantou a hipótese dela estar com cólica e sugeriu um medicamento para alívio da dor. Desligamos o telefone e rapidamente meu marido foi até a farmácia mais próxima para comprá-lo. O choro era desesperador e mesmo parecendo impossível, intensificava-se cada vez mais. Quando parecia não ter mais opções para acalmá-la lembrei-me da nossa nova aquisição: a chupeta.

Com minha filha no meu colo aos prantos, retirei-a do lacre e coloquei-a para ferver, seguindo as indicações da embalagem com todo o cuidado e habilidade que alguém possa dispor. Em plena manobra extremamente complexa, toca o telefone. Estava próximo, pude ver pelo número que era meu marido. Milagrosamente, consegui liberar uma mão para atendê-lo.

– *Van, ferve a chupeta, quem sabe ela acalma.*

Abafada pelo choro estridente, minha resposta não chegou ao outro lado da linha e com a água fervendo e ela no meu colo, não tive como repetir. A comunicação foi, então, cortada para evitar acidentes domésticos.

Ambos cedemos à chupeta, mas minha filha não aprovou nossa atitude. Não foi por falta de tentativas. Experimentei uma vez, cuspiu, tentei segurar com a mão, ficou ainda mais brava e, por fim, cuspiu novamente. Repeti o processo diversas vezes insistindo e torcendo pela chupeta, mas o esforço foi em vão. Quando meu marido chegou em casa ela já estava dormindo exausta após tanto esforço. Não fizemos uso do medicamento, mas era mais uma segurança tê-lo em casa.

– *Ela se acalmou com a chupeta?* – perguntou meu marido, curioso em saber como eu milagrosamente dei fim ao choro.

– *Ela não gostou da ideia, bem que eu tentei, mas ela não pegou.*

– *Que bom* – respondeu, aliviado e contente por saber que sua filha, assim como ele, não aprecia a tal rolha na boca.

Apesar das minhas ressalvas em relação à chupeta, confesso que ainda preferiria vê-la com aquela rolha na boca a ter passado aquela interminável meia hora de choro.

Chegamos à mesa junto com a comida. Uma sincronia perfeita entre a fome e a hora de comer. Após o jantar, visto que não era tão tarde e nossa filha dormia como um anjo, pensamos em algumas opções de programação. Sair, dar uma volta, assistir a um filme na televisão, alugar um filme, jogar cartas entre outros que, por falta de tempo, não foram sugeridos. Não sei bem dizer ao certo como as coisas aconteceram, mas lembro-me de ter ouvido meu marido dizer:

– *Vou sentar aqui no sofá enquanto você decide o que vamos fazer.*

Meus pais estavam animados a contribuir com sugestões. Escutei umas, outras em tom mais baixo, mais baixo até que silenciaram completamente. Retornei ao mundo, não sei dizer quanto tempo depois, com a minha mãe dizendo:

– *Vocês não preferem ir dormir na cama?*

Meu marido estava ao lado e acordou tão perdido quanto eu. Ainda semiadormecidos, seguimos para o quarto e deliciamos cada minuto de sono até o próximo chamado. Em tantas opções dormir foi de longe a melhor delas, pelo menos hoje.

A voz que não fala, mas diz.

– *O que diz a sua voz?* – perguntou a mim a professora, para introduzir a primeira aula sobre voz para as futuras fonoaudiólogas.

Achando a pergunta um tanto quanto estranha, arrisquei responder:

– *Diz aquilo que eu quero que ela diga.*

– *Resposta certa, mas incompleta* – respondeu a professora

– *Sua voz me diz muito mais que isso. O timbre me sugere que você é uma mulher, a forma lenta com que você pronunciou as palavras me sugere uma personalidade mais romântica, pelo prolongamento das pausas entre uma palavra e outra, eu diria que você não está totalmente segura de sua resposta e pela sua reação no momento em que eu fiz a pergunta, eu diria que você a achou um tanto quanto estranha.*

A professora não era vidente, apenas sabia escutar uma voz por completo, para além da literalidade das palavras. Voz para ela não era somente o som produzido pelas cordas vocais, mas todo um corpo que diz, muitas vezes inconscientemente.

O que diz a voz da minha filha?

Choro de fome, choro de sono, choro de incômodo e choro de dor. Inicialmente são todos iguais, mas estavam deixando de ser. Minha filha, com três meses completos, obviamente ainda não falava palavras formadas, mas estava ganhando voz na medida em que eu estava aprendendo a ter ouvido para aquele dito sem palavras. O choro que segue ritmado, o choro que fica cada vez mais alto, o que surge de repente como um grito, o choro que começa com um resmungar, o mais nasalizado, o que acompanha "aquela carinha", bocejo, esfregar de olhos ou aquele corpo subitamente arremessado para trás.

Poucos códigos e muito a dizer. Estava longe de dominar o código por completo, mas ao menos eu estava mais atenta aos sinais, podendo arriscar algumas interpretações.

Muitos erros, alguns acertos, enfim, eu estava apreendendo e descobrindo essa tal voz que não fala, mas que diz. Estava me tornando mais assertiva em compreender e atender as suas necessidades. Apesar de não estar mais dentro da minha barriga, para mim estávamos mais próximas que nunca.

Fim dos choros escandalosos? Daquele desespero por não saber o porquê ela chora e o que fazer para ela parar?

Infelizmente não. Nem todo compreender implica em saber e poder resolver e, além disso, eu ainda tinha muito a apreender.

Quatro meses. Para comemorar resolvi sair com ela pelo bairro, uma volta de carrinho até a livraria. Foi então que eu percebi como ela cresceu nestes últimos dias. Até então, ela usava o assento do carrinho na posição deitada, pois o cinto e apoio não eram suficientes para mantê-la sentada. Problema que ficou no passado.

Elevei o assento e ela se acomodou perfeitamente.

Alguém já viu aquelas bonecas que abrem e fecham os olhos conforme a posição deitada ou sentada?

Foi como aconteceu. Um mundo novo se abriu para ela e, apesar de ainda um pouco desequilibrada, estava encantada com o novo visual. Bem devagar segui rumo à livraria. O passeio era bem prático, bastavam dez minutos a pé para estarmos em meio a centenas de livros infantis.

Livros. Nada como livros para animar e entreter. Ouvir histórias, olhar as ilustrações ou simplesmente observar as letras. Obviamente ela não falava palavras completas, tampouco era capaz de decifrar todas aquelas letras, mas adorava segurar cada um deles e folheá-los, principalmente aqueles com texturas diferentes. Emitia sons como se estivesse contando a história. Nas livrarias, divertia até os mais sérios que por lá passavam.

Cinco horas da tarde. Saímos da livraria para casa.

Antes de ser mãe nunca havia reparado na quantidade de mães que saem com seus bebês por volta deste horário.

Literalmente o olhar de uma mulher muda quando se tem filhos. Não só o olhar, mas também a audição. Parece que meus ouvidos ficaram mais sensíveis ao som do choro de bebê. Consigo escutar a distância até mesmo aquele chorinho. Bem estranho. E o mais louco é a "mãezona" dentro de mim que quer socorrer, acalmar e confortar cada um deles.

Coração de mãe sempre cabe mais um, mas, para meus braços, costas e paciência, uma só estava de bom tamanho.

Cada qual na sua, eu também não pude desperdiçar aquele solzinho das cinco para passear com minha filha. Na própria área do prédio encontramos outras duas na mesma situação, mãe e filha. Nossas filhas tinham quase o mesmo tamanho, mas a outra tinha apenas dois meses.

– *Nossa, como ela é grande* – não contive o comentário.

– *É. Você está amamentando?*

– *Sim.*

– *Então é por isso, bebês que tomam fórmulas são sempre maiores e mais gordinhos.*

– *Pode ser.*

– Eu não consegui amamentar. Várias coisas aconteceram. Foi assim. Vou te contar.

Um minuto de conversa e já parecíamos amigas íntimas. Mãe é mãe. Percebi que não importa a idade ou estilo de vida são as mesmas emoções e aflições. Falando sobre filhos, nunca faltará assunto entre duas mulheres, afinal que mãe não tem histórias para contar?

Enquanto conversávamos, minha filha tentava incansavelmente pegar a mão da outra pequena pessoa. Uma mão pequena, mas fortemente fechada. Quem já experimentou abrir a mão de um bebê de dois meses sabe o quão difícil é e o quão impossível seria minha filha conseguir.

Foi persistente. Tentou, tentou até que, por fim, finalmente abriu e teve seu dedo segurado pela mão que logo se fechou novamente. De mãos dadas, ficaram a olhar uma à outra, enquanto nós continuávamos nosso interminável papo sobre ser mãe. Uma começou a chorar, a outra seguiu o embalo.

– *Está com fome* – falamos no mesmo instante.

Em certo ponto, essa tal voz que não fala é muito eficiente em dizer. Confesso que bebês sejam bastante previsíveis em algumas situações, mas, em muitas delas, mães merecem ser aplaudidas de pé, pela extraordinária habilidade de ouvir, observar e decifrar essa tal linguagem sem palavras.

No outro dia, logo pela manhã, percebi uma semelhança muito curiosa que vem se repetindo desde o início desta semana. Todas as manhãs, escuto um resmungo seguido de silêncio. Fico a curtir meus últimos instantes na cama quando a escuto cantar bem baixinho:

– Aaa aa aaa.

Antes que eu possa levantar, meu marido já se antecipa para não perder, segundo ele, a melhor parte. O momento que ela acorda são os minutos mais gostosos do dia. Como eu estava contando, ela acorda cantando bem baixinho. Fica cantando até que alguém apareça. Segue então o momento mais gostoso: o sorriso. O primeiro sorriso da manhã é o mais charmoso e contente. Ainda com os olhos inchados, distraída com seu canto, quando a gente se aproxima ela olha e abre aquele sorriso. Problemas, noites mal dormidas, esquecemo-nos de tudo neste instante.

Ainda no berço, costumamos conversar com ela que responde com muitos sorrisos, muito charme e alguns aaa, a, Açu, Abu e gritos. Minutos depois começa a agitar os braços como se quisesse levantar voo. Em outras palavras: algo como um "quero sair do berço".

Do nariz às rezas

Acordou tossindo, com uma aparência cansada e o nariz bem obstruído.

Não tive dúvidas que ela estava gripada. Ligamos para o médico, que conseguiu um horário de encaixe para vê-la. A notícia não podia ser boa, mas tivemos um motivo a menos para se preocupar: pulmões estavam OK. Seguindo as orientações médicas compramos um inalador para usar em casa com uma dose de soro fisiológico, cuidamos da lavagem nasal, mantive a chaleira aquecida no quarto, banho de sol, o esforço foi máximo, tudo para vê-la melhor.

Passei os próximos dias em função de cuidar dela mais ainda. Durante o dia parecia melhorar, ao entardecer voltava a ficar abatida. Por conta do nariz obstruído, ela acordava várias vezes à noite. Eu estava muito cansada. O que para os outros "não era grave", "não passava de uma gripe comum", estava transformando nossos dias em pesadelos.

Nariz congestionado. Nada mais grave do que isso, mas incomodava bastante, principalmente na hora de mamar.

Descongestionador nasal. Em teoria, a recomendação era funcional, mas minha filha chorou tanto durante e após a aplicação que, ao fim, a situação estava ainda pior que de início.

O choro estava me enlouquecendo, precisava tomar alguma providência. À procura de uma segunda estratégia, escutei a voz de um homem gritando:

– *Dá para parar de bater na criança?! Tenha paciência, mãe, é só uma criança.*

Que constrangimento e que ousadia. Justo condenando a mim, que estava dedicando todas as minhas forças para ajudá-la. Com certeza o autor do grito não tinha filhos, caso contrário saberia que bebês choram apesar de não estarem sendo agredidos. A resposta não muito educada estava na ponta da língua, mas preferi não dizer. Peguei minha filha no colo e me afastei da janela para evitar comentários ainda mais desagradáveis.

Sem poder pedir ajuda, já que não havia mais ninguém em casa, eu fiz um pedido silencioso, esperando ser ouvida por alguém superior. Rezei com afinco para que uma força maior liberasse o nariz da minha filha daquele incômodo. Comecei a rir de mim mesma. Entre tantos pedidos de maior gravidade que possivelmente estariam sendo feitos naquele momento, era ridículo achar que o meu seria atendido. Entre risos, rezas e choro, surge o som de um espirro. O choro sessou. Respirava tranquilamente.

Suspiramos aliviadas.

Quando tudo parecia estar melhor, ela acordou ainda pior. Estávamos ambas com cansaço estampado na cara e ela com o nariz completamente obstruído. Mesmo fazendo a lavagem nasal, não foi possível liberar a passagem do ar. Experimentei colocar no peito para ver como ela se comportava. Como a fome era grande e a respiração estava comprometida, ela começou a sugar e assim seguiu sem intervalo para respirar. Com medo que ela engasgasse fiz uma pausa forçada. Continuamos segundos depois. Estava com dificuldade para respirar, mas disposta a mamar. Para mim era uma ótima notícia. No mínimo, estava se alimentando bem.

Ao iniciar o segundo seio, percebi sua respiração bastante ruidosa, um ruído forte que não parecia ter um foco nasal. Ela parecia cansada e estava tendo dificuldade para manter a mamada.

A fim de ter a avaliação de um especialista, resolvemos passar no pronto atendimento do hospital. A Unidade estava sem fila de espera e era bem próxima à nossa residência, não custava nada ter a segurança de uma avaliação médica. No caminho para o hospital, o chiado parecia piorar.

Feito o exame recebemos a notícia: estava com bronquiolite.

Tratando-se de pais de primeira viagem e uma filha de quatro meses, a notícia foi um "preocupem-se".

"Não deveríamos ter ido viajar."

"Não deveríamos ter saído naquela hora que estava mais frio."

"Deveríamos ter posto mais uma blusa àquela hora."

"Não deveríamos ter deixado ela perto de pessoas de nariz escorrendo."

Culpávamo-nos por tudo, nos responsabilizávamos por tudo e, enquanto isso, ela sorria. Estava especialmente feliz hoje, apesar de respirar com dificuldade. Sorria para o médico, para as enfermeiras e para todos que cruzavam seu caminho.

Seguindo as orientações médicas, foi feita inalação com um medicamento usado para dilatar os brônquios a fim de facilitar a respiração. Foi-nos avisado que o remédio acelerava um pouco os batimentos cardíacos e que poderia deixá-la um pouco agitada, mas não havia nenhum risco em fazer seu uso desde que fosse respeitada a dose receitada pelo médico.

Ela permaneceu tranquila durante a inalação, eu continuei a rezar. Terminada a inalação, aguardamos uns quinze minutos, ela mamou um pouco e dormiu. Não passou muito tempo, o médico retornou para reexaminá-la. Sua resposta ao medicamento foi boa, mas mesmo assim, foi preciso repetir a inalação para que ela saísse por completo da crise. Recebemos a receita para manter as inalações com o medicamento em casa a cada seis horas.

À tarde retornamos ao consultório do pediatra para uma nova avaliação. O médico nos ensinou uma técnica bastante conhecida chamada "tapotagem".

Basicamente o método consiste em dar leves tapas nas costas da criança com a mão em formato de concha. Observei, escutei as orientações e fomos para casa.

Após o banho e o contato com vapor, ela estava expectorando bastante. Coloquei-a na cama deitada de bruços e iniciei a "tapotagem" e minhas rezas silenciosas. Um pouco sem jeito, com medo de "pesar a mão", comecei com tapas bem de leve.

Não parecia estar incomodada, ao contrário, parecia gostar da massagem. Sendo assim, eu continuei mantendo o ritmo e intensidade. Procurei bater repetidas vezes num mesmo local e, de tempos em tempos, alternava para que ela não ficasse dolorida, até que, por fim, encontrei o ponto certo.

Ela se virou lateralmente e, ainda com a mão em concha, eu mantive a "tapotagem". Senti que conforme eu encostava a mão o chiado aumentava, como se a secreção estivesse parada exatamente ali e eu, com a massagem, estava mobilizando-a para ir a outro lugar.

Enquanto eu massageava, ela tossiu algumas vezes até que, por fim, parecia confortável. Continuei por mais algum tempo até que me dei conta que ela estava dormindo. Acordou uma hora depois, mamou bem e dormiu em seguida. Não estava mais com a respiração ruidosa, não estava mais com o nariz obstruído.

Alguns tapinhas ajudam, mas a real "tapotagem" me surpreendeu, ou quem sabe alguém lá em cima me ouviu.

Acordou no outro dia bem melhor, mas não curada. Ficava bem em alguns momentos e, em outros, parecia respirar com mais dificuldade. Inalar vapor e "tapotagem". A estratégia proporcionava resultados instantâneos. À noite ela já estava bem melhor.

Aliviada, como se tirasse uma tonelada das costas, fui dormir apreciando aquele delicioso respirar sem ruído e fiquei comigo mesma a pensar na incrível coincidência dos fatos. Sabedoria médica, medicamentos, tapotagem, destino, uma ajuda superior. Independentemente de acreditar mais em uma ou outra, eu rezei, rezo e continuaria a rezar por minha filha. Por saúde, por sucesso, por realização, por felicidade, por tudo que esteja além do máximo que eu possa fazer.

Alguém mais abusa dos ouvidos superiores em nome dos filhos?

Definitivamente não devo ser a única, nem a primeira ou a última.

Após noites complicadas, o sono estava especialmente bom, mas fui acordada antes do que eu gostaria.

– Aaa aa aaa – dizia ela cantando.

– *Não pode ser. Que horas são?* – perguntei ao meu marido.

– *Seis e meia da manhã, não é mais tão cedo* – respondeu.

Tão cedo realmente não era. Já havia amanhecido, mas, levando em consideração que passamos as últimas noites acordando, no mínimo, oito vezes no meio da noite por causa do nariz entupido, era muito cedo para ter uma mãe de pé.

"Ser mãe de primeira viagem é difícil mesmo. A gente fica apavorada com tudo, até com uma simples gripe. Com o segundo filho é bem mais fácil. A gente encara tudo com mais tranquilidade."

Alguma mãe já escutou um comentário parecido?

Durante esta semana eu o escutei talvez umas dez vezes. Familiares, amigas, outras mães...

Pode até ser verdade, mas eu definitivamente não conseguia nem me imaginar "tranquila", agindo com naturalidade, após passar três noites acordando de hora em hora por causa de um nariz entupido.

Uma simples gripe?

Pode ser que um dia concorde. Por hoje, ai de quem vier me falar que mãe de primeira viagem é dramática.

Mãe canguru

Cinco meses completos.

Tenho passeado com ela todos os dias. Normalmente ela adora, vai olhando tudo e, quando se cansa com o movimento, logo pega no sono. Hoje, como de costume, fomos dar nossa tradicional volta pelo bairro, mas no meio do caminho ela começou a chorar. Tentei distraí-la com um brinquedo, mas não tive sucesso. O choro tinha motivo: estava suando no encosto do carrinho. Atendendo à sua aflição resolvi seguir: ela no colo, sendo segurada por um braço e o outro conduzindo o carrinho. Parece fácil, mas temos que levar em consideração a qualidade das calçadas deste bairro: são péssimas. Entre buracos e degraus, a missão era quase impossível.

Não deu. Fizemos uma pausa num café. Descansamos um pouco, bem pouco e... um trovão. Não seria nem um pouco agradável tomar chuva, nem amamentar naquele café que era totalmente aberto e de frente para a rua. De volta ao carrinho, novamente ouço reclamações. Não tinha opção: chorando ou não era a única forma de chegar em casa.

Única opção? Vejamos. Não sei se comentei, mas há alguns dias eu ganhei um presente da minha sogra. Na caixa estava escrito "Canguru" em letras bem grandes. Abri a caixa bastante curiosa para desvendar o mistério sobre o que seria o tal "canguru". De fato, o nome é bastante descritivo. Trata-se de uma mochila na qual o bebê pode ser encaixado e carregado pela mãe tal qual uma mochila. Bastante elaborada, a mochila podia ser usada nas costas ou na frente.

Educadamente agradeci o presente e o coloquei no armário onde ele permaneceu até hoje. Minha filha era pequena, mas, levando em consideração meu pequeno tamanho de um metro e cinquenta e cinco de altura, seu peso já era algo considerável para meus braços e costas. Meu problema com mochila não era de hoje. Desde a época de escola, sempre dei preferência a carregar parte do material nos braços a suportar o peso total em cima dos ombros. Se a carregar no colo já estava difícil, fiquei imaginando aguentar aqueles quilos todos em cima dos ombros. Inviável. Apesar de ter sido dada com todo o carinho, o lugar daquela caixa seria o armário, a menos que meu marido resolvesse arriscar seus ombros e costas.

Pouco depois do nosso passeio, uma amiga veio me visitar. Eu estava trocando a fralda no banheiro quando a campainha tocou. Rapidamente peguei-a no colo ainda sem fraldas e fui abrir a porta. Um rápido cumprimentar e tive que correr para terminar o processo de troca antes que eu acabasse sendo molhada por xixi ou algo pior. No quarto, com ela a postos, dei-me conta que o pacote de fraldas estava vazio. Por um breve instante achei que estávamos em apuros, mas lembrei de um último pacote reserva que estava no armário. Muito gentil, minha amiga se ofereceu para ajudar. Voltou com o pacote de fraldas e a caixa "canguru" na mão.

– O que é isso?

– Uma mochila tipo canguru para carregar bebês.

Minha amiga achou o máximo e, bastante curiosa, perguntou se eu já havia testado caminhar "estilo canguru".

– Nunca testei, mas acho que ela não vai gostar de ficar presa no meu colo, fora que não deve ser nada confortável carregá-la estilo mochila.

– Se nunca experimentar, nunca vai saber.

Proposta aceita. Com um pouco de dificuldade, consegui organizar as amarras e vestir a mochila à frente do corpo.

Demoramos um pouco para entender como encaixá-la. A foto mostrava uma mulher bastante contente carregando a mochila à frente do corpo, com um lindo bebê de olhos azuis, perfeitamente acomodado, barriga com barriga, com a contente mulher. Sendo assim, fizemos tal e qual estava posto na ilustração.

Bastante desconfortável por ter sua visão de mundo limitada com a cara no meu peito, ela começou a chorar. Eu imaginara que ela não iria gostar dessa ideia de "canguru", afinal, que bebê gosta de ter a cara no meio dos peitos da mãe? A menos que estivesse à procura de um bom encosto para dormir, acredito que poucos ficariam felizes, como aquele de olhos azuis mostrado na ilustração.

– *Por que não tentamos colocá-la de frente?* – sugeriu minha amiga.

– *De frente? Como?*

Não havia essa opção na embalagem, nem nas instruções de uso, mas teoricamente nada impedia que assim fosse posto. Sem alterar nada, apenas a retirei, virei-a de costas para mim e encaixei-a novamente da mesma forma. Amarras ajustadas, ela ficou perfeitamente acomodada a bater as pernas em demonstração de entusiasmo.

Ela estava surpresa com a novidade e eu também. Contrariando minhas expectativas pessimistas, carregá-la no canguru era inúmeras vezes mais fácil do que no colo. Brilhantemente, uma amarra em torno da cintura distribuía o peso de forma ideal. Estava inconformada por ter desperdiçado tanto tempo com aquele precioso presente trancado no armário. Simplesmente genial. Bendito seja quem o criou, quem me presenteou e quem me abriu os olhos para o "canguru". Quando tudo parecia bom, percebi um deta'lhe ainda melhor: eu estava com as duas mãos livres. Que bom que a mente humana nos permitiu copiar a brilhante natureza dos cangurus.

Os terríveis dentes

Na primeira fase da vida, geralmente todos os choros inconsoláveis são vistos como cólicas, na fase seguinte, a culpa é dos terríveis dentes. Estávamos na fila do caixa do supermercado, minha filha chorando porque queria sair do carrinho e eu com um saco de tomates, uma alface e outra meia dúzia de batatas na mão. Atrás de mim estava uma senhora que delicadamente se aproximou e disse:

– São os dentes filhinha, é assim mesmo, são choros inconsoláveis.

Esta não foi a primeira vez que minha filha chorou em público e tampouco foi a primeira vez que diagnosticaram a dor de dente pelas ruas. Às vezes eu agradecia a atenção, às vezes dizia um político "é, pode ser", "faz parte" ou "é a vida" e logo descobria a causa das reclamações como outra, bem distante dos tais dentes. Por acaso, desta vez eu respondi:

– Ela só quer sair do carrinho, está muito quente hoje.

– Criei três filhos querida, conheço bem este choro de dentes apontando. É assim mesmo, eu também achava que eram outros motivos e não acreditava muito no que os outros diziam.

O que responder?

Mal conhecia aquela gentil senhora, que se julgava saber tanto sobre mim e minha filha.

Será que mães de primeira viagem são todas iguais?

Não podia ser verdade.

Eu sabia que minha filha estava apenas expondo sua vontade de sair do carrinho e tudo estaria resolvido assim que eu atendesse o seu pedido. Ainda sem dar uma resposta àquela gentil senhora, tirei minha filha do carrinho a fim de, com um gesto, dispensar palavras. Que frustração!

Ainda assim, continuou a chorar.

– Não disse querida, são os dentes, é assim mesmo, passei por isso três vezes.

Não sabia o que fazer para acalmar minha filha, não sabia o que responder para a senhora da sabedoria. Poderia ser choro de fome, sono, cansaço, calor e tantos outros motivos, o que sabia aquela experiente senhora para afirmar tal diagnóstico de forma tão categórica?

Não perguntei, não respondi, apenas disse um político "pode ser", paguei as compras e fui para casa.

Percebi-a um pouco incomodada durante o trajeto de volta para casa. Sete e meia da noite, mamou e dormiu em seguida, como de costume. Acordou depois de quinze minutos, chorando muito. Começamos as diversas tentativas em busca de descobrir a causa do choro. Dez horas da noite e nada de dormir.

– *Acho que ela está com dor na gengiva, devem estar apontando os dentes* – disse meu marido.

– *É, pode ser. A senhora no supermercado disse a mesma coisa.*

– *Que senhora? Supermercado?*

Contei ao meu marido o episódio e não resisti em perguntar:

– *Por que você acha que são os dentes?*

– *Sei lá, é o que dizem.*

Essa é boa, estávamos diagnosticando o choro da nossa filha pelo que dizem por aí. Dizem, dizem, as pessoas dizem tantas coisas. Dizem o que é bom fazer, o que é bom comer, o que é bom para prevenir, o que é bom para remediar, o que é bom para combater. Faça isso, não faça aquilo. Uma mãe de primeira viagem ouve essas duas palavras mais do que "oi" ou "bom dia", são inúmeras vezes por dia, tarde e noite.

Ufa! Como sobrevivem os filhotes de outros animais cuja mãe só se preocupa em lambê-los no momento do nascimento e fornecer leite?

Simplesmente sobrevivem. Possivelmente, com apenas alguns cuidados a mais, muitos bebês também sobreviveriam, mas nós, mães humanas, pensamos demais, sabemos demais, nos preocupamos demais, nos culpamos demais e estamos na constante busca de ser não apenas mãe, mas a melhor delas.

Ruim ou bom? Eu diria ruim e bom. Tentando ser a melhor, aprendemos a reconhecer erros e falhas; tentando proteger, aprendemos que nem tudo está a nosso controle; tentando saber sobre tudo, aprendemos que muitas coisas não estão escritas e que temos muito a aprender com nossos filhos, dia a dia, minuto a minuto, segundo a segundo.

Enfim, tentando ser a melhor, acabei descobrindo que não sou perfeita, que eu erro muito, esqueço muitas coisas, me atrapalho ao fazer inúmeras tarefas, mas, mesmo assim, sou presenteada todos os dias de manhã por um lindo sorriso da minha filha, que, de alguma forma, me diz que estou no caminho certo.

Seguindo o palpite do que os outros dizem, meu marido se ofereceu para ir comprar uma pomada que dizem aliviar o incômodo na gengiva. Passamos e ela dormiu minutos depois.

Talvez as mães de primeira viagem sejam mesmo todas iguais, talvez o problema de todos os bebês sejam os mesmos, talvez aquela sábia senhora saiba três vezes mais do que eu como cuidar de um bebê. Por um momento, desejei ter pego o telefone daquela gentil senhora para consultá-la em situações de apuros.

No dia seguinte, tivemos o mesmo choro à noite, mas desta vez a pomada não teve o mesmo efeito.

O que diria a gentil senhora do supermercado a respeito disso? Não sei.

Eu tampouco sabia a resposta, mas alguém precisava dar fim àquele choro.

Respirei fundo, contei até dez, observei e escutei.

O choro, ora mais alto, ora mais baixo, o corpo que se contrai no pico do choro, os olhos apertados em expressão de sono e de dor.

Minha filha obviamente ainda não falava, não tinha intenção de se comunicar e nem consciência dos seus movimentos, mas estava dizendo algo. Um algo que poderia ganhar voz, caso eu decifrasse aqueles poucos códigos que tem muito a dizer.

Novamente observei, escutei e, por fim, arrisquei uma interpretação. Coloquei o corpo dela bem junto ao meu e, assim, "abraçadinhas", dei de mamar, procurando manter a barriga dela bem aquecida.

Mamou, dormiu e eu voltei a sorrir. Estava a rir comigo mesma por me imaginar como uma senhora beirando os setenta anos a dizer para a jovem mãe na fila do supermercado: "Para aliviar a dor de cólica, experimente esquentar a barriga dela contra a sua durante as mamadas. Também já passei por isso e sei bem como é".

Seria engraçado, mas, pensando bem, eu não diria isso. Se bem me conheço, provavelmente respeitaria a privacidade alheia e não daria conselho algum, mas ficaria comigo mesma a pensar:

"Fique tranquila, as melhores mães passam por isso. Vá para casa, observe, olhe e escute o que seu filho tem a lhe dizer. Não sei as respostas, nem sou mais experiente, apenas tenho, como todas as mães, uma história de erros e acertos para contar."

No outro dia, à noite, repeti o cuidado extra em esquentar sua barriga durante a mamada. Acabou a mamada um pouco incomodada, mas, mantendo a sua barriga aquecida, o desconforto passou em poucos minutos e logo já estava dormindo.

A senhora dizia ser os dentes, outras diziam ser fome, outras cólica e eu, finalmente, estava percebendo que a solução não dependia de eu ter dado ouvido a este ou aquele palpite, mas sim, dependia dos meus erros que acabariam por acertar.

O medo. O choro. Alívio. Encanto.

Cinco meses e catorze dias. Confesso ainda ter medos. Alguns comuns, outros ridículos, outros estranhos. Um deles era forte o suficiente para gerar um bloqueio. Eu não tinha coragem para sair de carro estando somente eu e ela. Sei de muitas mães que saem, vejo muitas mães pelas ruas nestas circunstâncias, mas eu não conseguia ser mais uma delas.

Até os seis meses, a lei obriga que o assento de carro para bebês seja virado para trás. Uma inquestionável questão de segurança, mas que, por outro lado, me deixava insegura. Apesar da possibilidade de eu poder comprar uma dupla de espelhos e, refletindo um ao outro, poder vê-la, nem todos os problemas estariam resolvidos.

Em pensamentos, eu ficava a imaginar:

E se ela chorar? E se ela precisar de ajuda?

É só parar o carro? Aonde? E se eu não achar vaga?

Seria eu capaz de dirigir com ela aos berros no banco de trás?

Seria ela capaz de se acalmar por conta própria?

Uma cena em particular me aterrorizava: ela chorando, eu dirigindo desesperadamente, mais preocupada em vê-la do que o caminho à frente, aumentando a cada segundo as chances de um acidente.

Enfim, saíamos nós de novo a pé.

Nos fins de semana, a ajuda do meu marido ampliava nossas possibilidades, e, durante a semana, eu ficava à procura de companhia para tais aventuras.

Esta semana todos estavam ocupados e, por falta de companhia, eu acabei por passar a semana limitada a passeios a pé. Como esporte, foi um bom exercício, mas confesso que fiquei cansada de dar as mesmas voltas pelo bairro e passar pelos mesmos lugares.

Acordei na quinta feira disposta a fazer algo diferente. Coloquei-a no canguru e fui arrumar as coisas para nosso passeio. Separei uma roupa para troca, carrinho, fraldas, kit higiene e alguns brinquedos e chamei um táxi.

Já no elevador, presencio um espirro, dois, três. Não gostei. Não era somente o problema do nariz escorrendo, mas ela estava com uma expressão cansada, um pouco abatida e, com certeza, sem disposição para acompanhar a programação de hoje.

Parei no hall do prédio. Não sabia o que fazer.

Será neura de mãe de primeira viagem?

Não sei, mas algo me dizia para não entrar no táxi.

O taxista era pai de três filhos, compreendeu minha situação e foi muito gentil. Voltei para casa. Talvez fosse loucura minha, exagero ou excesso de cuidados, mas, ao fim do dia, tive clareza de que foi uma sábia decisão. Minha filha passou o dia indisposta, bastante cansada e com um incômodo nariz úmido.

Tivemos um dia bem caseiro, com alguns cuidados a mais e aquele carinho de mãe que cura quase tudo e felizmente curou aquilo que parecia estar começando a piorar.

Acordou no dia seguinte sorrindo e disposta como sempre e, desta vez, com companhia, tivemos o nosso dia diferente.

O dia foi bastante agitado, por isso imaginei que ela dormiria cedo. Perfeito, pois eu tinha planos para hoje à noite. Um jantar entre amigas, agendado em especial para rever uma delas que veio de fora do Brasil por apenas uma semana.

Oito horas, mamou e dormiu profundamente logo após. Sem demora, peguei minha bolsa e sai. O destino era, de carro, no máximo dez minutos da minha casa. Ao entrar na rua da pizzaria, percebi que minha amiga homenageada estava num táxi logo à minha frente. Caso parasse em fila dupla poderia cumprimentá-la, mas, imaginando que o motorista do carro de trás ficaria bastante nervoso com a minha atitude, resolvi seguir em frente, à procura de uma vaga para estacionar.

A rua estava cheia, mas eu estava com sorte: um carro saiu não muito longe, dobrando a esquina. Após algumas balizas, consegui encaixar o carro na vaga. Abro a porta do carro e ouço o toque do celular. Era o meu marido solicitando minha presença e, ao fundo, o choro desesperado da minha filha.

Passei os últimos quatro meses ouvindo choros, aproximadamente uns sete por dia. Leves reclamações, intensos e passageiros, duradouros e persistentes, mas nenhum deles como aquele. Pelo telefone, podia a ouvir gritar e tossir como se estivesse sufocando de tanto chorar.

– *Ela não para, não reage, parece ter entrado em algum tipo de transe histérico.*

Ele não precisava dizer mais nada, eu sabia que tinha que voltar para casa o mais rápido possível.

Minha amiga nem chegou a entrar, estava me esperando na rua, exatamente onde o táxi a deixara. A saudade era grande.

Opção um: dobro a esquina, ando cerca de vinte metros até minha amiga para um rápido abraço.

Opção dois: volto correndo para casa.

Nesses três segundos que eu hesitava entre uma opção ou outra, meu celular tocou novamente. Atendi. Era minha amiga, querendo saber onde eu estava. Ao fundo tocava a segunda linha: era meu marido querendo saber o mesmo. Hora de decidir. Expliquei a situação para a minha amiga, entrei no carro e segui pelo caminho mais curto até minha casa.

Silêncio. No quarto encontrei meu marido acabado com minha filha tranquilamente aconchegada em seu colo. Segundo ele, ela chorou desesperadamente dois minutos após minha saída até dois minutos antes de eu chegar. Parecia uma piada. Sem fugir à regra do "dois", passados dois minutos desde a minha chegada, ela começou a chorar outra vez, desta vez um habitual choro de sono. Fez cocô, troquei a fralda e ela dormiu em seguida. Rapidamente liguei para minhas amigas, mas o encontro já estava nas despedidas, afinal, todas precisavam trabalhar amanhã cedo.

Inacreditável pensar que minha amiga atravessou o oceano, horas de voo, trânsito, chegou a poucos metros de distância e, por fim, não conseguimos nos encontrar. Enfim.

No dia seguinte, logo pela manhã, tivemos nosso encontro com a participação especial da Maya. Após muitos sorrisos e algumas conversas sonoras, nos despedimos e ela dormiu. Aproveitei o "tempo para mim" para descansar. Acordei e, visto que ainda me sobrava algum tempo, fui ajeitar um pouco a bagunça da casa. De passagem, olhei para o relógio da cozinha e levei um susto. Já eram seis horas da tarde.

Acordo-a ou a deixo descansar?

Pensar em vê-la acesa à meia-noite querendo brincar me fez optar por acordá-la. A caminho do berço, lembrei-me que hoje à noite teríamos um jantar em família. A família era grande, algo em torno de cinquenta pessoas bem barulhentas a atrapalhar seu sono.

Mudança de planos. Dei-lhe um beijo na testa, ajeitei o cobertor e admirei o acaso que a fez garantir um bem-vindo descanso extra esta tarde.

Acordou às sete horas. Colocamos nela um vestido de festa, uma pulseira que ela havia ganhado na maternidade, um "perfuminho" para disfarçar a falta de banho e saímos.

Chegando ao destino, percebi o quanto minha presença se tornou secundária. Todos vieram instintivamente cumprimentá-la e só a minha mãe se preocupou em dar um "oi" também para a figura que carregava a atração no colo. Nada mais natural, afinal, ela era a novidade.

Independentemente de ter passado pela porta despercebida, confesso que fiquei emocionada em vê-la sendo acolhida por tantas expressões de carinho e admiração. Não chorou, não resmungou, mas a notei um pouco tensa. Segurava fortemente na minha blusa como se quisesse evitar ser pega. Aos poucos, voltou a sorrir e se sentiu mais à vontade para ir ao colo de uns e outros, mas eu notava aquele canto de olho a garantir a presença da mamãe e do papai por perto.

Percebia minha filha mais sociável e esperta a cada dia. Estava sorrindo bem mais. Com muito esforço, até conseguíamos conquistar uma leve risadinha, mas as gargalhadas eram raríssimas... Já há algum tempo, produzia alguns sons, mas agora a produção ganhava uma função comunicativa. Falando na língua dela, podíamos estabelecer longas conversas.

Estava começando a entender o conceito do diálogo, no qual cada um tem, alternadamente, o momento para falar e o momento para ouvir.

Como fonoaudióloga, estava realizada, como mãe, maravilhada.

Onze e meia, dei de mamar e, logo após, percebi que sua hora havia chegado. Estava cansada. Visto que todos já estavam se despedindo, foi um momento duplamente apropriado para ir embora. Recolhemos o casaco dela, que estava no sofá da sala, o paninho, que ficou sobre a cama, e o brinquedo caído no chão.

Inacreditável como nós conseguimos trazer meia dúzia de coisas e espalhá-las por toda a casa.

Algo mais? Felizmente não podia haver "algo mais", visto que, para completar a meia dúzia, os três itens restantes eram fraldas que ao menos estavam no local apropriado: o lixo.

Entramos no carro bastante cansados e ela agitada e acesa. Suspiramos decepcionados, por imaginar as difíceis e longas horas que teríamos pela frente até ela dormir.

– *Posso chegar em casa e dormir? Você fica com ela desta vez? Por favor, estou acabado* – suplicou meu marido.

Eu estava igualmente destruída, mal conseguindo me imaginar em pé por mais um minuto, mas não tive como negar seu pedido.

Suspirei, contei até dez e comecei a me preparar para o segundo tempo do jogo que aconteceria em casa. Chegamos, estacionamos o carro e, enquanto estávamos no elevador, ela apoiou a cabeça no meu ombro. Subitamente os olhos especialmente abertos se fecharam e, por fim, ela adormeceu no último instante, assim que eu cheguei ao lado do berço. Minha alegria era enorme, só não maior pois notei que havíamos esquecido o sétimo item na festa: os sapatos.

Telas e monitores

Pais e filhos, enfrentamos uma era de transição. A passagem dos cadernos de caligrafia para os teclados digitais. Eu tive cadernos de caligrafia na escola. Aprendi com lousa, giz, papel, lápis, borracha, livros e cadernos. Uma mochila carregada de saber e informações. Compreender esse pesado conteúdo era a missão do aluno e, sabendo isso, ele teria seu dever cumprido. Hoje, o conteúdo não é mais "pesado", mas, por outro lado, é muito mais extenso. O céu é o limite, ou, devo dizer, os sites de busca são o limite?

Enciclopédias. Possivelmente minha filha não fará uso deste meio quase pré-histórico de pesquisa. Eu adorava a minha, a meu ver podia perguntar quase tudo a ela. Hoje ela é apenas uma entre as inúmeras fontes de pesquisa da internet.

Alunos não mais precisam carregar livros e cadernos pesados, gastam menos em lápis e papel e têm acesso a mais fontes de informação. Professores gastam menos giz, não precisam decifrar a letra dos alunos e podem até dar cursos virtuais. Muita coisa mudou.

Outro dia estávamos entre amigos quando um deles, ao fazer uma lista de compras para levar ao mercado, comentou:

– *Nossa, faz tempo que eu não escrevo.*

De dez pessoas que estavam na sala, só uma ainda mantinha o quase extinto hábito de escrever. Era eu. Relatórios, anotações e, apesar de ter uma agenda de telefones no celular e no computador, eu ainda dava preferência à minha velha, cujas anotações já foram, por diversas vezes, rasuradas a cada troca de endereço ou telefone.

O conhecimento foi aberto, está disponível e acessível a todos. Basta ter interesse e acesso à internet que o mundo se abre em alguns "clicks". Estava na fila do supermercado, quando vi um menino bem pequeno mexendo no iPad. Ele estava jogando um jogo. Chocada com o tamanho do internauta, não resisti em perguntar quantos anos tinha o pequeno prodígio. Acreditem. Dois anos de vida e já estava no total domínio das setas do jogo. Estava impressionada com a idade do menino e chocada em ver a tamanha velocidade com que as telas haviam invadido nossas vidas.

Eu tive uma proximidade maior com o computador quando eu tinha treze anos. Uma grande caixa em cima da mesa que servia basicamente para melhorar a apresentação das minhas redações e trabalhos escolares. Não existia sites de busca, não existiam redes sociais, e-mail eram bem menos acessados.

Muita coisa mudou, não há como negligenciar ou negar.

Vendo aquele menino tão compenetrado a jogar no iPad, comecei a me achar um tanto quanto ultrapassada.

A televisão, o monitor de um computador, iPad, laptop ou qualquer um destes sempre atrairá a atenção dos pequenos, até mesmo os muito pequenos, pelas suas cores, flashes, enfim, pelo mundo que acontece por detrás delas. Minha filha, como qualquer outra criança, também colava os olhos ao ver uma tela em ação, mas geralmente se desconectava frente a mais simples brincadeira, careta, ou badulaque, daqueles que colecionamos em casa, sem saber até então sua utilidade. Um badulaque em especial ela adorava. Era um arco no qual ficava presa uma fita que segurava uma borboletinha. A borboleta era bastante colorida e ficava a balançar de um lado para o outro. Passava um bom tempo olhando, tocando e sentindo a borboleta com as mãos com uma delicadeza impressionante. Eu me encantava especialmente por uma dobrinha. A dobrinha do pulso que ficava ainda mais evidente conforme ela o flexionava para agarrar a borboleta. A vontade de morder era quase incontrolável.

Minha filha tinha cinco meses.

Será que daqui algum ano eu perderia a atenção dela para as telas por completo? Teria que impor horários para eletrônicos para que pudéssemos ter um equilíbrio saudável?

Possivelmente sim. Há especialistas que trabalham dia a noite para criar estratégias quase infalíveis para nos fazer dar um clique a mais, ficar mais uma hora em frente à tela, sem perceber o tal tempo a mais que se passou. Um jogo educativo sugere outro, um filme anuncia outro e, assim, passamos mais e mais horas em frente às telas sem perceber, quase por reflexo.

Sem saber até quando minha filha espontaneamente se encantaria por badulaques, deixaria a televisão de lado para rir das minhas caretas, aceitaria catar conchas comigo na praia, tendo a opção de uma nova fase em um jogo virtual, eu procurava e procuraria aproveitar cada oportunidade para ir além de quatro paredes, concretos, telas e monitores.

Mamãe saiu

Trabalhar e ser mãe não é uma combinação fácil. Desde que a Maya nasceu, passei a dar o verdadeiro valor ao luxo de ter uma profissão mais liberal, de poder regrar os próprios horários, sem ter que dar satisfações a chefes.

Alguns pacientes ligando, senti que poderia administrar algumas brechas com a minha pequena chefe. Sair, atender um paciente e voltar. Resolvi começar bem devagar.

Por um intervalo de duas horas, minha sogra se ofereceu para ficar com ela. Certamente ela trataria a neta como uma filha, com todo o amor e carinho possível, mas eu estava apreensiva, com medo que minha filha estranhasse a falta da mãe. Ou que a minha sogra não soubesse trocar a fralda, colocá-la para dormir ou dar a mamadeira daquele jeitinho que ela gosta.

Confesso que, por um momento, senti vontade de preparar uma listinha de recomendações, mas logo desisti. Ninguém faz como a mãe. Se fosse uma babá, ela ainda se esforçaria o máximo para não ser corrigida pela patroa, mas, tratando-se da sogra, percebi que o jeito era confiar de olhos fechados.

No horário marcado, deixei a Maya nas mãos da minha sogra e mordi a língua para não encobri-la de orientações e "cuidados".

Tudo saiu como planejado, sendo assim, duas horas depois eu estava novamente em casa. Minha sogra e cunhada estavam com ela. Pareciam ter superado a experiência sem grandes problemas.

Chorou alguns momentos, mas, de forma geral, permaneceu tranquila.

Agradeci à minha cunhada, novamente à minha sogra, à minha filha e ao destino por ter feito tudo correr bem.

Na semana seguinte, à noite, tínhamos o casamento de um amigo, daqueles que não podemos e não queremos perder. Pela primeira vez, precisarímos deixá-la com a minha sogra para ir a um lugar mais longe. Nada extremamente distante, mas, para evitar ter que voltar correndo, resolvi tirar o meu próprio leite para deixar na geladeira, em caso de uma fome fora de hora. Seguindo as orientações, dei de mamar e após a mamada, enquanto ela fazia sua soneca, eu fiquei a retirar o leite restante com a ajuda de uma máquina própria para isso.

Cheguei ao fim da minha paciência quando o copinho marcou cem mililitros de leite. Suficiente ou não, eu já não aguentava mais ter meu seio espremido. Dei de mamar e logo que ela dormiu comecei a me arrumar. Cabelo, maquiagem, unhas, tudo que tenho direito. Tudo tranquilo, saímos de casa e, em dez minutos, estávamos no casamento.

Tão logo entramos na festa, o telefone tocou. Era minha sogra pedindo desesperadamente que nós voltássemos.

O que aconteceu?

Ela simplesmente havia acordado chorando assim que nós saímos e assim ficou até aquele momento. Quase vinte minutos de choro inconsolável e desesperado.

Minha sogra, aos prantos, minha filha chorando desesperadamente. Não era o momento para analisar os fatos. Voltamos rapidamente pelo caminho mais curto. Por sorte, ainda tive algum tempo para cumprimentar os noivos, enquanto meu marido buscava o carro.

Quando chegamos a casa estava silenciosa, tudo parecia estar sob controle. Estavam as três sentadas na frente do piano tocando alguma melodia recém-criada.

– *Assim que você disse que estava voltando ela parou de chorar* – disse a minha sogra, tendo a irmã como testemunha.

Ao ver a mim, minha filha abriu um sorriso de alegria como eu jamais havia visto antes. Em meu colo, apalpando meu rosto ficou a rir à toa.

Passados uns quinze minutos ela começou a chorar. Estava cansada, afinal, já era uma da manhã. Não quis mamar e adormeceu assim que foi colocada no berço. Fui dormir, realizada e frustrada.

A casa da sogra passou a ter mais um motivo para ser chamada de "Casa da Sogra".

Desta vez, não havia um compromisso em específico. Queríamos deixá-la para ter o nosso momento a dois, entre as mamadas.

Pela primeira vez a sós, sem filha e fora de casa, decidimos simplesmente caminhar. Deixamos ela acordada, mas bem alimentada. As duas passaram bem as quase duas horas em que estivemos ausentes. Encontramos alguns amigos, caminhamos um pouco mais e, por fim, chegamos atrasados para a próxima mamada. Por sorte ela estava acostumada com minha sogra que soube entretê-la por mais alguns instantes.

No dia seguinte minha cunhada me convidou para ir à casa dela.

Convite aceito. Coloquei-a no carrinho e sai.

Pela distância seria rápido e fácil ir a pé, mas eu não contava com um escândalo no meio do caminho. Não queria água, não queria comer, não queria colo e eu já estava a supor o que tudo aquilo queria dizer.

Como dar de mamar no meio da rua?

Parecia inviável, mas tive que tornar possível.

A luz no fim do túnel foi uma grande árvore, numa praça de esquina. Atrás da árvore, discretamente coloquei-a no seio. Mamou com vontade e dormiu em seguida.

Coloquei-a no carrinho e continuei nosso caminho. Alguns passos depois percebi algo estranho com o carrinho. A condução estava difícil e pendia para um lado.

A causa?

Um clips que havia sido desmontado e deixado com a ponta posicionada para perfurar o infortunado que passasse pela calçada. Pois é, essa fui eu, a capaz de conseguir a proeza de furar o pneu de um carrinho de bebê. Não me perguntem como consegui voltar. Algo entre arrastar e carregar o carrinho mais o peso da Maya dentro dele.

Cheguei em casa acabada, coloquei-a na cama com alguns brinquedos e acabei adormecendo. Não escutei choro nem qualquer espécie de barulho. Acordei e tudo estava exatamente como antes. As almofadas ao lado e minha filha ainda entretida com o mesmo brinquedo. Olho no relógio e percebo que tinha me ausentado em sono profundo durante quase uma hora. Fiquei impressionada por ela ter ficado lá esse tempo todo sem reclamar. Gostaria de ter visto o que ela ficou fazendo enquanto eu dormia.

Novos sabores

Cadê aquela fome?

Aquela habitual vontade de engolir o meu seio a cada mamada?

Continuava sorridente, bem-disposta, mas, desde ontem, com menos apetite. Tínhamos consulta de rotina agendada com o pediatra para hoje à tarde. Mais uma perguntinha para a lista.

A consulta hoje seria um marco. Após seis meses de leite materno exclusivo, o médico nos daria orientações sobre como introduzir novos sabores.

Uma fruta amassada ou raspada, um legume, uma verdura. Uma papa salgada combinando hortaliças, cereais e tubérculos, carne ou ovo e grãos. Pouco importa qual será o escolhido. Por enquanto, nada para substituir as mamadas, apenas para complementar.

"Três ofertas por dia, sendo duas papinhas de frutas e uma papinha salgada."

"Continuar amamentando três vezes ao dia."

Essas eram as metas por ora.

Na época em que eu era bebê, costumava-se dar chá e água para complementar o leite materno, hoje não ouvimos ninguém falar em chá. Há pouco tempo atrás, iniciava-se com suco de fruta. Desde 2018, a Academia Americana de Pediatria recrimina tal conduta.

Dava-se x, usava-se y, hoje nada disso é recomendável. As orientações mudam, ficam ultrapassadas por novos e mais sábios estudos e teorias.

Bom?

Ruim?

No fim, faz realmente diferença?

Não sei dizer, mas, acreditando no avanço da ciência e do conhecimento humano, resolvi seguir com a bola da vez: banana amassada com garfo.

Conversando com umas e outras, percebi que muitas mães, assim como eu, partiram para a nova etapa com essa instrução de seus pediatras, mas nem todas chegaram a um mesmo fim.

"Também comecei por banana, mas meu filho só aceitou quando eu dei mamão, manga, melão, melancia; só quando dei legumes e verduras, só quando eu dei água no copo normal, no copo com bico, só quando eu comprei um copo com canudo, só quando eu dei na mamadeira com aquele bico mais achatado. Só quando coloquei um pouco de sal na papinha, só quando dei a fruta inteira."

Muitas dicas, muitas histórias, muitos conselhos, muita sabedoria.

O que fazer com tudo isso?

– *Da forma como ela gostar é valido* – disse sabiamente o pediatra. Uma conclusão simples e sábia. A resposta estava justamente aí.

Eu precisava simplesmente escolher uma forma e experimentar até ter, como as outras mães, a minha história de erros e acertos para contar.

Seguindo a consulta, fomos à sala ao lado para o exame clínico. Peso, medida, orelha, pele, reflexos, tudo novamente. De volta à sala de consulta, colocamos os números na mesa.

– *Orelha ok, pele ok, reflexos ok, peso e medida ganharam um pouco menos este mês* – disse o pediatra, sem aparência de preocupação.

– *É grave?* – perguntamos apreensivos.

– Ela não perdeu peso, apenas ganhou menos comparativamente ao que ela vinha ganhando. Ainda não há motivos para se preocupar, mas vamos acompanhando.

Como é bom para uma mãe ver um filho que come, cresce e ganha peso, como é triste ver algo não indo bem, por mínimo que seja. O sentimento de culpa nos apunhala de imediato, como se fôssemos sempre responsáveis pelos desvios de percurso. A linha de crescimento e peso estava, até então, seguindo uma linha reta, crescente, linda e agora havia ganhado uma leve curvatura.

No momento exato em que meus pensamentos iriam começar a supor causas, erros e falhas possíveis, minha filha olhou para mim e sorriu. Sorriu, e continuou sorrindo até o momento em que eu esqueci todo o resto.

Para descartar qualquer eventual problema, o pediatra nos recomendou fazer um exame de urina, dar algumas gotas de ferro diariamente e reforçou novamente…

– Não precisa se preocupar, ainda não temos motivos para isso.

Tudo bem. "Não precisa se preocupar", "não precisa se preocupar". Não vou continuar escrevendo, mas continuei a pensar por algum tempo para evitar ser incomodada por pensamentos desagradáveis.

Saí da consulta pensando em melhorar a curva de crescimento com uma saborosa fruta. Estávamos ansiosos para ver sua reação frente à novidade.

Banana prata. Eu escolhi o sabor, esperei no carro e meu marido foi comprar.

Quanto amor, quanto carinho, quanta expectativa dentro de um prato, ainda que pequeno. A banana estava linda, casca brilhosa, no ponto exato. Com a pontinha de uma colher, ofereci a primeira degustação. Abriu a boca, fez careta e engoliu. Segunda colherada: novamente abriu a boca, fez careta e engoliu. Terceira colherada, recusou.

Experimentei oferecer água em um copo com bico. Foi então que eu vi o quanto eu menosprezava minha filha. Eu pensando que tinha que ensinar tudo a ela e ela, com as próprias mãos, segurava o copo e chupava o bico numa experiência incrível. Tomou dois goles e, em seguida, continuou com o copo em mãos, mas com uma inclinação insuficiente para que o líquido chegasse à boca. Tentei ajudá-la, mas ela não deixou. Seis meses de vida e já estava se sentindo autossuficiente por ter um copo em mãos. Aparentemente segura do que estava fazendo começou a coçar a gengiva com o bico da mamadeira. Olhei, admirei e, por fim, percebi que a única que não estava entendendo nada era eu. Ela sabia o que queria fazer, tinha suas necessidades, vontades e habilidades para assim fazer sem a minha ajuda. Quanta tolice minha, quanta ingenuidade, quanta arrogância. Não sou dona do saber, minha filha não é um papel em branco. De acordo com seus recursos, percebi que ela estava brilhantemente descobrindo o mundo e que eu deveria aprender a deixar tudo isso acontecer sem intervir além do necessário.

Ofereço outra fruta? Será que não está com fome? Duas colheradas foram suficientes para saciar sua fome por agora?

Muitas perguntas, talvez nem as mais experientes saibam a resposta.

Decidi tirá-la da cadeira. Por ora, estava feliz por ela ter aberto a boca, por ter tido curiosidade de experimentar novos sabores. A banana, com todo aquele amor e carinho, sobrou e eu aproveitei para comer.

À tarde, fiquei entre oferecer novamente a banana ou experimentar um novo sabor. Experimentei uma maçã, já que ela mesma pegou da cesta, enquanto eu olhava as bananas. Uma colherada, duas e a terceira recusada.

O pôr do sol deixado para trás, a fruta mais doce comprada e trazida como uma relíquia, aquela papinha cuidadosamente amassada com garfo reunindo hortaliças, cereais e tubérculos, carne ou ovo e grãos, todo o carinho, todo o amor e todo o cuidado morreram diversas vezes naquele prato. Entre a parcela que ela colocava para fora e o resto que por conta já caia no babador, era difícil mensurar a quantidade ingerida. Cansava da brincadeira, começava a se agitar querendo sair da cadeira.

Atender seu pedido? Insistir um pouco mais?

Decidi respeitar seu pedido e suportar seu ritmo, sem pressão. Não queria deixá-la irritada, nem tornar o momento da alimentação um martírio para nós duas. Dia após dia, aprimorava minha paciência, aprendia a preparar a papinha e ofertá-la sem expectativas.

A cada oferta recusada, eu respirava, contava até dez e seguia em frente até a próxima refeição. Simples assim.

Não foi fácil lidar com a minha frustração. Não só por ter que preparar papinhas em vão todos os dias, mas por continuar presa pelo seio. Mesmo sabendo que os intervalos entre as mamadas muitas vezes se estendiam, sendo de quatro em quatro horas, eu precisava estar por perto a cada três para evitar choros inconsoláveis.

– *Por que você não tira leite e deixa armazenado para quando você precisar sair?* – certa vez me perguntaram.

A resposta ficou no ar e até hoje assim está.

Não sei bem o motivo, mas para mim era estranho pensar em tirar o meu próprio leite e dar para alguém dar para ela. Caso eu estivesse trabalhando, o motivo para tanto esforço seria válido, mas, para todo o resto, eu considerava muita mão de obra para pouco.

Por enquanto, minha vida se restringia a estar com os outros e com ela, ou estar com os outros não muito distante dela. Foi preciso mudar radicalmente minha rotina, abrir mão de muitas coisas, mas, como tudo na vida, essa fase também vai passar, com toda sua magia e seus inconvenientes.

Seis meses e vinte dias. Assim como a fruta não passava da terceira colherada, a papinha salgada não passava da décima garfada. A regra era assustadoramente constante.

Por hoje, estávamos na hora do almoço. Chuchu, batata, uma folha verde, cenoura e carne. Todos devidamente lavados, picados e levados ao fogo.

Vinte minutos depois, retirei os legumes, amassei-os bem com o garfo, coloquei um pouco de azeite e estava pronto. Separei algo em torno de dez garfadas e sentamos na mesa. Ela estava na fase de recusar a décima primeira quando meu marido chegou do trabalho, morrendo de fome.

– *Ela não quer mais?* – perguntou com segundas intenções.

– *Acho que não, pode comer.*

Um pouco de sal, um pouco mais de azeite e evitamos o desperdício. Enquanto meu marido comia ela ficou olhando como se estivesse com vontade.

– *Você quer?*

Ela não respondeu, mas a expressão e a animação indicavam que sim.

Não só abriu a boca com vontade, como comeu e ficou aguardando mais. O único problema é que ela havia se manifestado tarde demais, num estágio no qual só restavam mais duas últimas garfadas.

Atendendo aos famintos, resolvi preparar um reforço. Lavei bem os ingredientes, cortei, coloquei novamente na panela de pressão e esperei.

Enquanto esperávamos, ela fez cocô. Fomos os dois fazer a troca. Um tira, o outro lava, um joga a fralda suja fora e o outro recoloca a fralda. Em equipe, tudo acabava em questão de minutos.

Dois minutos: foi o tempo suficiente para evaporar toda a água e queimar a papinha.

Boa notícia. Desde então, passou a ter apetite e prazer por comer. Aos poucos, minha produção de leite se adaptou às novas necessidades. Com almoço e frutas, o leite materno deixou de ser fonte principal de alimento.

Três vezes ao dia. Uma pela manhã, outra por volta das três da tarde, outra antes de dormir. Amamentar não exigia mais tanto tempo, minha filha estava crescendo.

Da banana a uma infinidade de texturas e sabores. Dia a dia, progredíamos. A senhora da feira da esquina da minha casa ajudou bastante. Legumes e verduras que eu nem conhecia. Cada dia uma nova receita, um novo sabor.

A cada refeição eu oferecia e observava sua reação.

Não eliminava os ingredientes recusados, nem as receitas rejeitadas.

Tempo. Acredito que para definir o gostar ou não de um sabor é preciso tempo.

Não adianta insistir, distrair ou colocar goela abaixo. Particularmente entendo o desespero de muitas mães, mas nunca fui a favor dessas atitudes. Acredito genuinamente que aonde tem comida, criança nenhuma passa fome.

Dar o famoso tempo ao tempo. Oferecer outro dia, na outra semana, no outro mês.

O alimento recusado pode ser aceito. O apreciado pode ser recusado.

Não somos constantes. Não somos definitivos. Podemos e devemos mudar.

Variar. Talvez este seja o segredo. Um gentil oferecer, sem insistência. Aceitar um não como resposta e, com naturalidade, voltar a oferecer em outro momento.

Uma boa estratégia?

Não posso garantir que seja, mas por aqui funcionou.

Choro de gente grande

Acordou por volta das cinco horas da tarde chorando muito. Olhei, escutei e, sem muitas dificuldades, identifiquei a causa. Era dor por conta dos dentes. Ela mordia os dedos, mordedores, meu próprio dedo, a mão e passava a língua na gengiva desesperadamente. Achada a pomada própria para alívio dos dentes, perdida em uma das gavetas do banheiro, passei e ela logo se acalmou. Ela se tranquilizou, e eu desabei. Comecei a chorar desesperadamente como poucas vezes chorei em minha vida. Estava exausta com um "não aguento mais" entalado na garganta, mas tão difícil de ser dito, principalmente por ter como única ouvinte a minha própria filha.

– *Não aguento mais.*

Difícil falar, difícil pensar e mais difícil ainda escrever.

Estava esgotada, algo pra além de sono e cansaço físico. Estava cansada de viver em função de dar de mamar e trocar fraldas, sem folga no fim de semana, sem feriado, vinte e quatro horas, de segunda a domingo. Estava sentindo falta de andar na rua a sós comigo mesma, sem carrinho ou canguru, livre de me preocupar se ela está com as mãos frias, se está com a fralda cheia, se o sol está forte para ela, ou se não está colocando algo que não deve na boca. Sentia falta de conversar com minhas amigas sem me preocupar em distraí-la enquanto isso. Sentia falta do trabalho, de me sentir produtiva. Sentia falta de estar com meu marido, namorar, como antes fazíamos.

Confesso que estou me sentindo péssima por ter pensado e escrito estas últimas linhas.

Fui presenteada com uma filha maravilhosa, tive a possibilidade financeira de interromper minhas atividades para ser mãe, estar com ela e presenciar cada conquista.

Teria eu o direito de reclamar, de me sentir assim?

Parte de mim compreendia, parte de mim me recriminava. Estava dividida, exausta, aos prantos, inconsolável.

Estávamos deitadas lado a lado, ela em silêncio e eu me acabando em lágrimas. Não resisti em dizer bem baixinho, a caminho de dar um carinhoso beijo na sua testa:

– *Que bom que você ainda não entende tudo.*

Antes que eu pudesse afastar meu rosto de sua testa, ela sorriu, colocou as duas mãozinhas no meu rosto, uma em cada bochecha, e olhou fixamente nos meus olhos. Olhava-me com um olhar calmo, tranquilo.

Como um passe de mágica, todo o meu sofrimento ficou para trás. Um gesto e um olhar. Não havia carícia melhor, não havia olhar mais sincero. Sem falar, sem argumentar e sem ter acesso ao significado das minhas palavras, ela foi capaz de me consolar como ninguém havia feito antes.

Seria aquela, minha filha de seis meses ou alguém, quem sabe, existindo por detrás daqueles olhos infantis?

Por um momento, tive a impressão de já conhecer minha filha de algum outro lugar. Olhando a fundo em seus olhos, procurei ver além, mas logo ela alcançou o mordedor e com ele na boca voltou a ser somente minha sensível filha de seis meses.

Não precisava mais de nada, não queria estar em outro lugar que não ali, lado a lado com minha filha. As palavras acima escritas já não faziam sentido algum, nem pareciam relatos meus. Antes de dormir, fiquei a relembrar aquele olhar e carícia. Como eu gostaria de ter filmado aquela cena para nunca mais esquecê-la.

– Por que você não a deixa com a minha mãe depois de dar de mamar e vai dar uma volta? – sugeriu meu marido.

Era uma boa ideia, mas para onde eu iria?

Uma volta pelo shopping. Opção prática, próxima e fácil. Dei de mamar e fui me vestir para sair. Quanto tempo não fazia isso. De frente ao espelho, me deparei com o reflexo de um ser mãe, cansada, sonolenta, descabelada e sem unhas feitas, discutindo com outro que quis saber o que estava acontecendo.

Quem era aquela pessoa acabada com uma fralda suja em uma mão, paninho no ombro, blusa com botões na frente por abotoar, a vestir os mesmos quatro shorts e camiseta todos os dias?

Hora de trocar. Experimentei colocar outra blusa, talvez uma saia.

"Nesta acho que eu ainda não entro, esta vai marcar do lado, a outra vai ficar muito justa no seio, esta é difícil de levantar se eu precisar amamentar."

Em frente ao guarda-roupa percebi que muita coisa havia mudado. Eu não poderia simplesmente virar a página e passar por cima daquele "ser mãe".

Mesmo assim, consegui mudar o penteado, passar um disfarce nas olheiras, encontrar um lindo visual velho-novo e receber, por fim, um beijo do meu marido.

Sem demoras, para lá fui eu. Estava sem clima para compras, apenas caminhei pelos corredores, sem um rumo certo.

Algo estava errado, algo estava faltando, algo havia sido esquecido. Foi estranho. Durante a caminhada dei de encontro com uma linda livraria recém-inaugurada. Olhei alguns livros, escolhi um que me atraiu pelo título, sentei em uma poltrona disponível dentro da própria livraria e ali fiquei a folhear o livro por meia hora.

Minha falta foi rapidamente preenchida. Senti-me leve e livre, voltei a ser eu e não somente a mãe da Maya. Foi muito bom. Perto do horário da mamada, já me antecipei em pegar o caminho de volta para a casa da minha sogra.

Estar sem ela foi bom, mas melhor ainda foi voltar. Um instante longe dela e eu já estava morrendo de saudades. Energias renovadas, foi mais fácil encarar as trocas de fralda que vieram a seguir.

No dia seguinte, acordei péssima. O fluxo da menstruação estava bastante intenso, como se houvesse algum tipo de efeito acumulado. Eu estava fraca, literalmente sem forças. Era sábado. Preocupações do trabalho também fizeram com que meu marido dormisse mal à noite. Cada um pedia para o outro ficar com a Maya quase num tom de imploração. Decidimos dividir as tarefas. Meu marido escolheu fazer a papinha e eu fiquei com a função de entretê-la. Saímos para uma volta de carrinho pela rua.

Empurrei o carrinho por uma subida considerável, descemos e entramos em casa para descansar.

Meu marido estava no auge do stress, inconformado de ter que perder a manhã fazendo papinha em pleno sábado de sol.

– *Cansei da minha vida, eu não tenho mais vida, estou cansado* – repetia diversas vezes, por fim, um pouco alterado.

Eu também estava cansada e o desabafo conjunto acabou numa discussão em busca de culpados.

Minha filha estava logo ao lado e começou a ficar assustada por sentir o clima de tensão no ar. Não era certo discutir em frente dela. Encerramos o caso. Muito melhor assim. Em poucos minutos, entre trocar a fralda e dar o almoço, já nem nos lembrávamos mais da discussão.

Um pouco depois, fomos até um restaurante perto de casa para tomar um suco e quem sabe algo mais. Felizmente ela ficou tranquila no carrinho entretida com algumas colheres e nos deixou conversar e comer sossegados. Estávamos precisando daquele momento, que bom que ela percebeu.

A caminho de casa, meu marido falava com um amigo no celular, minha filha dormia no carrinho. Olhei para cima e entreguei-me a meus pensamentos...

Até hoje houve dias em que eu estava mais contente, mais cansada, mais triste, mais desanimada, mais entusiasmada, mas o principal motivo dos meus dias ruins era a responsabilidade que me prendia a uma rotina restrita e repetitiva ligada a fraldas e papinhas. Muitas vezes sentia que estava vivendo num mundo à parte, vendo minha vida passar pela janela. Liberdade. Um conceito interessante.

Por que será que todos desejam ser livres, não ter responsabilidades?

Chego à conclusão que o que as pessoas buscam é inovação, fugir da rotina, do comum, da monotonia.

Quem não sonha em conhecer novos lugares? Novas pessoas?

Novas formas de vida?

Quem tem disponibilidade para largar tudo e colocar tal sonho em prática?

Poucos.

Sendo assim, seguimos buscando o equilíbrio entre as responsabilidades e o curtir a vida tal qual sonhamos.

Minha filha acordou feliz, estava disposta, animada e não se deixou, em nenhum momento, abater por não poder sair de casa por causa da chuva. Ela sabia reinventar sua rotina a cada dia e tinha a ingenuidade para poder admirar um mesmo objeto e lugar quando redescoberto. Uma habilidade natural dos bebês que vai se perdendo conforme a vida passa, as experiências são acumuladas e a ideia de saber vai sendo instalada, deixando aquela ingenuidade para trás. Interessante. Curioso. Talvez a verdadeira genialidade esteja na capacidade de manter a ingenuidade, manter-se sedento por conhecer a vida sob novas perspectivas mesmo que ela seja aparentemente comum, conhecida e limitada a uma rotina de responsabilidades. Isso faz da vida desafiante, intrigante e estimulante, mesmo que comum e aparentemente igual em todos os dias.

Ver a vida pelos olhos de minha filha fez de hoje um dia encantador, superando e muito todas as minhas expectativas. Pude ver minha casa e reparar em simples objetos sob perspectivas jamais vistas. Mesmo sem dizer muitas palavras, o "olha" dito constantemente revelava seu entusiasmo e me contagiava, direcionando meu olhar a um novo comum. Uma experiência que certamente me fez mais feliz ao fim deste dia, uma lição de vida com potencial de tornar feliz tantos outros dias a seguir.

Inevitáveis comparações

A sua filha já engatinha? Já come de tudo?

Já fala alguma coisa? Dorme sozinha?

Consegue ficar em pé sem apoio?

Basta reunir um grupo de mães e a largada será dada automaticamente. Eu estava num parque próximo à minha casa quando não resisti em perguntar a idade de dois meninos que estavam a correr sobre quatro apoios.

– *Quantos anos eles têm?*

– *Nove meses, são primos.*

Nossa! Sei que cada criança tem seu tempo e tal, mas, ao ver tamanha discrepância, confesso que senti algo esquisito.

Minha filha ainda não engatinhava e raramente se arrastava por um brinquedo fora do alcance. Despertado o interesse por um objeto, ela esticava os dedos, braços, tronco, num alongamento digno de dar inveja, mas com todo o cuidado para não perder o assento. Isso não sendo possível, ela simplesmente desistia do objeto de desejo para não ter que ir ao chão.

Normal?

Atrasada?

Será que eu precisava tomar alguma providência?

Estimular mais?

Deixá-la mais tempo no chão?

Perdida em meus pensamentos fui interrompida por um comentário daquela mesma mãe.

– *Nossa, ela já fala! Está bem avançada para a idade* – disse a mãe.

Estava eu a reparar nos meninos engatinhando e nem notei a forma incrível com que minha filha estava tentando conversar com eles. Produzia sons à sua maneira, mas era perceptível a variação de melodia, ora em tom de pergunta, ora de resposta, como se quisesse compor um diálogo. Aqueles sons pouco afetaram aos meninos, mas para mim foi como se minha filha dissesse: "não desanima mamãe, eu não engatinho, mas falo, ainda estou no páreo".

Fiquei a pensar nesta corrida louca que toda mãe entra quando encontra outra criança da idade de seu filho. Ontem, eu estava a vibrar como se tivéssemos vencido uma competição, pelo simples fato de ela ter rastejado uns três metros até um brinquedo, e hoje eu estava a ver aqueles meninos e desprezar toda a nossa vitória.

Crianças são diferentes. Quem tem mais de um filho sabe disso. Sexo, gosto, interesses. Mesmo ambiente, mesmas companhias. Há crianças que ficam horas, sentadas, encantadas com o dialogar dos adultos, há outras que ficam horas tentando descobrir todos os movimentos que seus braços e pernas são capazes de fazer e pouco notam o diálogo que ali acontece. Arrisco dizer que são perfis diferentes.

Não é porque a criança nasceu saudável que não terá que enfrentar dificuldades. Não é porque nasceu diferente que terá limitações.

Notava, dia após dia, que uma transição estava acontecendo. Minha bebê estava se tornando uma menina.

O grande motor da mudança era a vontade. O querer para além das necessidades básicas: fome, sono, dor. Um objeto fora do alcance, um querer experimentar uma comida que alguém está comendo, participar de uma conversa, de uma brincadeira.

Exige um deslocar-se com mais agilidade. Um fazer-se entender mais elaborado. Sentar-se é uma grande conquista, mas não permite chegar a todos os destinos desejados. Gritar e chorar são meios de comunicação eficientes, mas não permitem fazer-se entender plenamente.

Virar, sentar, um pequeno deslocar, rastejar, engatinhar, andar, correr, fazer coisas incríveis com pernas e braços.

Produzir sons, vogais, sílabas, palavras incompletas, completas, frases, dialogar, argumentar, contar histórias.

Cada dia, uma conquista. Em dois anos, tantas mudanças, tanto aprender.

Há quem veja uma semente e uma árvore de eucalipto e considere mágica o processo de transição entre uma e outra. Há quem veja um recém-nascido e uma criança de dois anos e diga o mesmo. Eu acho um pouco mágico, mas consigo enxergar uma série de fatores que possibilitam a magia acontecer.

A chuva mantém a terra úmida, o sol dá energia, decompositores atuam dia e noite, devolvendo os nutrientes de plantas e animais de volta à terra, minhocas, a cavar buracos, permitem a liga perfeita entre a água e os nutrientes, criando o solo perfeito para a magia acontecer. O cuidado é diário, constante. Um elemento em excesso, um elemento a menos, e podemos comprometer todo o processo. A magia pode não acontecer.

Dois anos. Uma semente torna-se uma árvore. Um recém-nascido, uma menina.

Saberia eu dizer quais os elementos são necessários para esta segunda "mágica" acontecer? Não acredito que nenhum manual possa ser seguido, garantindo um resultado ao final dos dois anos, mas posso arriscar aqui algumas de minhas descobertas.

Olhos abertos, ouvidos atentos. Não podemos acordar todos os dias como se fossem iguais. Não podemos agir da mesma forma ontem, hoje e amanhã. A cada dia minha filha fazia novas descobertas, conquistava novas habilidades. Quanto a mim, precisava me redescobrir como mãe a cada nova conquista. Precisávamos caminhar juntas, lado a lado. Com respeito, com gentileza. Cada uma suportando o fraquejar da outra, o cansaço, as dificuldades.

Tenho em mente três habilidades importantes que precisam ser cultivadas.

Falar.

Deslocar-se.

Atenção, concentração e paciência.

Coloquei esta última em bloco, de propósito.

Cultivar a fala.

Como conversar com alguém que não responde? Será que está me entendendo?

O monólogo inicialmente parecia entediante, sem retorno. Como quando regamos uma semente e não vemos nada acontecer.

Escolhi os melhores nutrientes. Sem diminutivos, sem apelidos, sem aquele timbre de voz "nenenzildo".

Palavras simples e completas. Frases curtas e objetivas. Chamando-a pelo seu lindo nome.

Uma simples troca de "o neném quer papar?" por "Maya, você quer comer?". De "vamos tomar banhozinho?" por "Maya, vamos tomar banho?".

Conversava sabendo que alimentava uma semente de menina, não de bebê.

– *Plante um bebê e terá um bebê. Cultive uma menina e terá uma menina.* – assim uma vez me disseram.

Uma fala que pude validar e passar para a primeira pessoa com propriedade. Óbvio assim, tal qual sabemos que é impossível colher laranjas se plantamos uma macieira, ou colher maçãs se plantamos uma laranjeira.

Estava "regando" uma futura falante. Há quem não veja nosso diálogo como conversa. Eu sei, precisa-se de olhos e ouvidos especiais para isso. Os mesmos olhos que veem como uma planta cresce em uma hora. Os mesmos ouvidos que escutam o processo de fotossíntese sendo feito.

Não consegue ver? Não consegue ouvir?

Não tem problema. Acredite. Está acontecendo, como todo o processo invisível que ocorre dentro da semente até que possamos vê-la brotar. Um sorriso, um som, um gesto. A cada retorno, um incentivo a mais para continuar.

Um belo dia, da semente brotou uma pequena planta, assim como da boca da Maya surgiu sua primeira palavra. Foi mágico, mas não por acaso. Houve um processo. Acreditar, regar, cuidar, mesmo sem poder ver a semente mudar a cada regar, mesmo tendo um enorme e vazio silêncio em resposta a inúmeras perguntas.

Em paralelo, seguia "regando" também suas conquistas motoras.

Colocava-a de bruços. Mostrava como deveria rastejar até o objeto. Deixava aquele favorito um pouco mais distante.

Foi um pouco mais complicado. Era seu perfil. Repleto de incríveis talentos, facilidades, preferências e também dificuldades.

Logo vinham as reclamações, o choro tímido, que logo se intensificava e acabava em gritos estridentes, e um choro inconsolável.

O que fazer?

Insistir?

Trazer, ao alcance de sua mão, o desejado objeto distante?

Ajudá-la a sair da posição incomoda?

A mãe que faz por ela. A mãe que auxilia. A mãe que suporta, sem agir diretamente, para ensiná-la a persistir. A mãe que se preocupa em saber se não há algo errado. Todas faziam parte de mim. Cada momento, uma delas prevalecia. Percebi que o importante era o equilíbrio. Tudo na vida em excesso faz mal. Neste caso, não é diferente. Água demais, sol demais, ajudar demais, forçá-la demais, preocupações demais. Nada disso é bom.

Preocupações...

Que mãe está livre disso?

Desconheço.

Mesmo que seja mínima, discreta, pode tirar o sono, incomodar como um pelo no nariz. Terrível.

Não acho válido seguir com tamanho incômodo. Pediatras, fonoaudiólogos, fisioterapeutas. Que bom que temos toda a equipe à disposição para ajudar e orientar. Não custa acompanhar, ouvir, aprender. Audição, comportamento, gostos, interesses, sono, alimentação, língua, lábios, bochecha, respiração. Tudo pode ser avaliado em parceria. Isso nos permite deitar no travesseiro mais leves, tirar o pelo do nariz, ou, ao menos, nos ensina a lidar com ele.

Conversei com uma fisioterapeuta amiga, informalmente. Aprendi, entendi, peguei algumas dicas. Tínhamos tempo para superar esse desafio, juntas, antes de recorrer a uma terapia formal.

"Por hoje está bom. Amanhã tentaremos novamente."

Um pouco a cada dia, um pouco mais a cada dia. Particularmente este foi o nosso lema. Com respeito, com gentileza. As conquistas foram pequenas, cada uma a seu tempo. Aos poucos, a vontade surgiu. Já não reclamava mais quando posta de bruços, quando o brinquedo estava distante, fora do alcance. O estímulo extra não era mais necessário. Não precisava criar obstáculos e estratégias diárias. Não ouvia inúmeras reclamações e choros inconsoláveis. Deslocar-se por conta própria, desafiar-se motoramente, tornou-se sua brincadeira preferida. Mantendo uma distância segura, sem interferir em sua concentração e autonomia, eu admirava o ultrapassar de cada obstáculo, cada alcançar, subir, descer e atravessar.

Terceiro cultivo: atenção, concentração, paciência.

Como os outros dois, também requer um "alimentar diário" para evoluir e amadurecer. Ingrediente mágico?

Não tenho a resposta, mas, como sempre, uma história para contar.

Por aqui, a estratégia foi "fazer com".

Desde que a Maya nasceu, dia após dia, procurei deixar de "fazer por ela" para "fazer com ela". Mudei uma palavra e, aos poucos, minha forma de agir.

Pedia gentilmente a um recém-nascido que me ajudasse a tirar a fralda, colocar uma limpa, ensaboar-se no banho, vestir-se. Recebia apenas um apoio moral, já que a incoordenação e maturidade não permitia um ajudar efetivo. Não me importava. Persistia regando a semente, mesmo sem notar qualquer mudança.

Fazia questão do seu apoio moral. Evitava fazer qualquer coisa que a envolvesse diretamente enquanto ela estivesse distraída com outra atividade.

Dia após dia, prestava mais atenção às tarefas rotineiras. Logo recebi os primeiros sinais de ajuda. Um recolher o braço para me ajudar a tirar a camiseta, um puxar o velcro da fralda, uma pequena mão perdida tentando segurar um sabonete sem saber ao certo como, um puxar as calças para baixo sem conseguiu efetivamente tirá-la.

Dia após dia, eu deixava de ser a grande protagonista e tornava-me uma tutora.

Orientações simples, claras e objetivas. Não tinha certeza que aquele falatório era compreendido, mas estávamos progredindo a cada dia. Gestos e expressões ajudavam quando as palavras pareciam não fazer sentido.

Atenção. Concentração. Paciência. Habilidades exigidas em todas as simples tarefas do dia a dia. Conforme evoluía, tornava-se capaz de ajudar mais. Conforme executava tarefas mais complexas e extensas, aprimorava tais habilidades.

O processo é muito dinâmico. Procurava não me acomodar. Procurava não acomodá-la. A cada dia reavaliava suas habilidades, descobria novas conquistas possíveis. A cada dia aprendia que podia fazer um pouco menos, a cada dia percebia que ela podia fazer um pouco mais.

A magia do desmame

Com nove meses e cinco dias, retornamos ao pediatra para uma consulta de rotina, agora espaçadas de dois em dois meses. As medidas e peso estavam de acordo, mas eu estava preocupada em relação à amamentação. Já não tinha o mesmo fluxo intenso e também sua voracidade para mamar já não era mais a mesma. Tudo indicava que havíamos chegado ao momento do desmame. Eu já estava cansada de amamentar, e ela bem mais interessada nos novos sabores do que no leite materno.

Há quem diga que o leite materno pode ser substituído por alimentos, sem a necessidade de leite de vaca. Há quem oriente a troca por leite de vaca integral. Há quem sugira a troca por fórmulas de leite em pó infantil próprias para a faixa etária.

Cada decisão com sua história de final feliz, cada decisão com seu fim trágico. Decidi tampar meus ouvidos até a consulta com o pediatra. Sim, tinha que escolher uma voz e seguir, caso contrário ficaria doida.

Fórmula. Uma tentativa para complementar e futuramente substituir o leite materno. Eu tinha certeza que meu leite estava escasso e que ela tomaria o complemento com o maior apetite, mas, contrariando minhas expectativas, ela não quis nem mesmo um gole. Será que o que eu achava pouco não era tão pouco assim?

Não sei, mas por hoje ela estava cansada, com sono e não parecia ter mais fome. Coloquei-a no berço e ela dormiu antes que eu pudesse contar até dez. Acordou novamente às cinco e meia da manhã.

Ofereci o seio, mas desta vez não foi o suficiente para suprir o seu despertar faminto.

Tentei complementar com a fórmula, mas ela não aceitou o segundo gole.

Não tinha como insistir, ela estava determinada, empurrava com as mãos a mamadeira para longe, fechando os lábios com toda a força. Mesmo tendo recusado o leite, eu sabia que ela estava com fome.

Aquele resmungar mal-humorado era conhecido. Desejando loucamente voltar para a cama ofereci uma banana amassada. Comeu e dormiu por mais algumas horas.

Após três dias de tentativas frustradas, decidimos experimentar outro leite.

Provou, mas recusou o segundo gole. A banana, talvez um pouco pesada para um momento pré-cama, foi uma opção não ideal, mas eficiente. Ao menos ela ficou satisfeita para dormir a noite inteira sem interrupções.

Resolvemos, mas a forma não era nada prática e estava longe de ser ideal. Principalmente às cinco da manhã, hora que ela geralmente acordava só para abastecer e voltar a dormir. O fato dela não aceitar o leite complicava muito as coisas. Nenhuma das duas estava disposta a encarar uma papinha de fruta. Eu, por conta do trabalho em preparar, ela, por conta do sono, que pedia por aquele líquido aconchegado no colo da mamãe e não um prato, sentada na mesa. Enfim, não era a melhor opção, mas, até então, foi a única encontrada.

Quarenta dias se passaram à base de leite materno com complemento de papinha de frutas. Trocava facilmente o seio por uma fruta, mas não aceitava outro leite que não o materno. O pediatra dizia para eu continuar insistindo, um pouco a cada dia até que chegasse o momento certo.

Momento certo? Será que isso existe?

Mesmo desacreditando, resolvi seguir seu palpite. Aos poucos, fui abrindo as possibilidades. Leite integral, as mais variadas marcas de fórmulas, sabores, copos e mamadeiras. Tentei oferecer o leite morno, experimentei dar na temperatura ambiente, mas nenhum parecia satisfazer o seu paladar.

Dez meses e dezoito dias. Enquanto eu a amamentava, meu marido resolveu me ajudar preparando o complemento para mais uma tentativa.

– *Quantas medidas?* – perguntou a caminho da cozinha.

– *Cinco medidas para cem mililitros de água.*

– *Copo ou mamadeira?*

– *Precisa ser morno ou pode ser água na temperatura ambiente?*

Após tantas tentativas frustradas, eu nem sabia dizer qual das opções ela odiava menos.

– *Pronto. Aqui está. Mamadeira rosa com cinquenta mililitros de leite e cinquenta de água.*

Não me perguntem como ele chegou a estas proporções de medida, mas, visto que ela costumava tomar apenas um gole, não me abalei pelo fato de não estar de acordo. No colo do papai, seguiu tomando um, dois, três, quatro, cinco goles. Batemos o recorde de goles e ela continuou tomando. Não sei dizer se o mérito foi pelo leite estar concentrado, da preferência pelo leite frio ou pelo fato do papai estar oferecendo, mas, acima de qualquer estratégia, confesso dar razão ao nosso sábio pediatra: chegou o momento.

À noite, sem papai, respeitando a medida indicada na lata, ela tomou quase todo o leite e dispensou o seio antes de dormir. O desmame que parecia tão distante, subitamente ocorreu com a maior naturalidade, tanto para ela, como para mim. Sem lágrimas, sem resistência, sem saudosismos.

Hábitos. Seio materno, mamadeira, chupeta, ursinho para dormir, dormir na cama dos pais; querer dormir, acordar, passear com aquela roupa, acessório mais querido. Silenciosos e sorrateiros. Uma vez, dois dias, uma fase e quando percebemos o hábito já está implantado, persistindo mais do que gostaríamos.

Reduzir. Uma boa estratégia. Dia após dia, um pouco mais a cada dia. Um bom caminho para alguns processos, mas nem todos. Alguns pedem uma decisão e um literal "seguir conforme o decreto".

Dormir na cama da mamãe somente quando estiver de dia, chupeta só na cama, aquela roupa ou acessório somente quando o clima estiver favorável ou dentro de casa. Não importa qual seja. Estejamos seguras e confiantes para segui-lo e será o melhor a ser feito.

Por aqui nosso hábito era a mamadeira. Sempre solicitava o leite quando estava cansada, não importava onde estivéssemos fora de casa, se era hora do almoço, banho ou jantar.

"Duas vezes ao dia. Manhã e antes de escovar os dentes à noite."

Decidi que assim seria. Um dia de choro, dois de birra, no terceiro, entendeu que assim seria independentemente do seu esforço em estourar meus tímpanos.

Pesadelos, gripe, dia do aniversário. É claro que podemos abrir exceções. Melhor que sejam decididas e não cedidas após um escândalo. Crianças são espertas. Se funcionou uma vez, logo percebem que pode funcionar de novo.

Como diferenciar uma situação excepcional de um manipular intencional? Difícil. Certo e errado ficam muito próximos, parecem até misturados. Erros, acertos, ser firme, ceder. Literalmente uma corda bamba. Com muito equilíbrio realizamos o desafiante atravessar.

Dois minutos, duas vezes ao dia. O combinado foi feito. Três dias depois, nada de choros ou reclamações, tudo perfeitamente acordado. Seguimos e o tempo foi passando...

Dar fim da mamadeira?

Não estava segura para decidir como estive segura para reduzir.

Cinco anos de mamadeiras lavadas diariamente.

Antes que pudesse começar a me preocupar, o segundo desmame aconteceu.

Estávamos arrumando as malas para viajar por duas semanas.

– Maya, traz a mamadeira para eu lavar e colocar na mala.

– Já vou. Estou terminando de brincar.

– Não demora, se não vamos acabar esquecendo...

Chegando ao destino, notei a falta, ao lado do leite.

– Ai ai, você esqueceu de me trazer a mamadeira e agora ela ficou em casa.

– Tudo bem mamãe, não preciso mais dela.

Surpreendida com tamanha maturidade, confesso que duvidei e estava à espera do escândalo à noite, antes de dormir.

Havia chegado o dia. Simples assim. Não pediu a mamadeira à noite, nem nos dias seguintes. Não tocamos mais no assunto. Percebi que existe algo mágico no curso da vida. Algo além de tudo que se possa planejar e fazer. Um acontecer natural, um amadurecer, um atravessar, um transformar que segue um processo e, como um passe de mágica, de um instante para o outro, dá início a uma nova fase.

Receios e ossos do ofício

Dez meses.

O dia amanheceu lindo, um sol que não aparecia há dias.

Bem dispostos, resolvemos ir para a praia. Rapidamente arrumamos as coisas a fim de chegar ao destino antes do meio-dia, podendo dar o almoço para ela propriamente acomodados, fora da estrada. O tempo estava justo, mas tudo indicava que conseguiríamos facilmente chegar a tempo. O trânsito estava livre, sem chuva, sem acidentes. Tudo estava perfeito até que o céu azul, de uma hora para outra, ficou branco.

Estávamos nas nuvens, mas em uma conotação literal, nada animadora. O trânsito foi interrompido. Pessoas desceram dos carros à procura de informações. Logo soubemos que, por ter visibilidade grau zero, a estrada havia sido bloqueada.

Mudança de plano.

Para substituir o domingo de praia, decidimos ir para a piscina. Uma diversão garantida. Após ficar um bom tempo a bater os pés na água bastante ansiosa para entrar, atendemos a sua vontade. No colo do meu marido, dentro da água, ela estava em estado de êxtase, animadíssima a bater os braços e pernas.

Algum tempo depois, rapidamente a enrolei na toalha após sair da água e fui para o vestiário dar-lhe um banho. O vestiário era exclusivo para mulheres, sendo assim, meu marido ficou no aguardo e eu tive que encarar a tarefa de dar o banho sozinha.

Ser mãe realmente é um eterno treino de assobiar e chupar cana.

Com fome e impaciente, foi ainda mais difícil trocá-la, em especial colocar a fralda com ela em pé.

Enquanto eu me vestia, ela ficou a mexer na mochila. Aparentemente não havia nada de perigoso.

Pegou o protetor solar. Confesso que não me apressei desesperadamente para retirá-lo de suas mãos, mas estava de olho.

Abriu a tampa e fechou no próprio dedo antes que eu pudesse piscar. Formou uma pequena bolha e um longo e desesperado grito de dor. Sentia a dor como se fosse meu próprio dedo. Confesso que preferia mil vezes que fosse o meu o escolhido a ser prensado.

Hora do jantar.

Estávamos convidados para jantar num restaurante, mas ela dormiu. O eterno dilema do ir ou não ir que geralmente acabava em uma caseira pizza ou macarrão e algum filme na televisão, cujo final nós nunca víamos, pois acabávamos dormindo exaustos antes mesmo da aventura chegar ao clímax. Desta vez não foi nada diferente.

Acordamos no outro dia sem grandes possibilidades. Estava chovendo muito, uma chuva constante aparentemente sem previsão de fim. Sem filhos, seria um ótimo domingo para dormir e ficar esparramado no sofá em frente à televisão. A ideia era ótima, mas inviável quando se tem uma filha sedenta para conhecer o mundo e suas habilidades.

Sem opção de saída por conta da chuva e cansada de andar tentando desviar seu caminho dos enfeites e cantos de mesa, resolvi passear até o hall do prédio. No hall não havia praticamente nada, um espaço livre com dois sofás macios, sem cantos perigosos. Como era bom poder deixá-la livre para explorar segundo sua vontade. Poucos lugares permitiam tamanha liberdade. Minha filha tinha um talento especial por achar locais proibidos. Um ralo ou tomada para colocar o dedo, uma planta com espinho para mexer, um local não apropriado para pisar. Bastava um canto de perigo para o andar livre se perder. Passava então a concentrar todas as suas forças para chegar ao local proibido e eu para deixá-la longe do perigo.

Não passou muito tempo e meu entusiasmo sofreu um boicote. Ela encontrou a porta, que, para piorar a situação, era de vidro. Mesmo percebendo a existência da barreira, ela passou a tentar, desde então, abrir a passagem para a chuva, batendo com ambas as mãos no vidro enquanto eu protegia sua cabeça de fazer o mesmo.

Conclusão: não há um local totalmente seguro que possa dispensar a supervisão de águia de uma mãe responsável.

A porta se abriu. Era o mais novo vizinho com sua filha de sete anos. Começamos com um papo típico de elevador, apesar de estarmos fisicamente no hall. A instabilidade do tempo na primavera. Típico e surpreendente como todos os anos, um assunto coringa para preencher o silêncio. Tudo indicava que o diálogo não passaria disso, mas tínhamos duas crianças em cena. Enquanto nós adultos estávamos presos às convenções, elas estavam rindo uma para outra descobrindo novas caretas, sons e barulhos. Foi o fim das formalidades.

O assunto evoluiu para longas histórias e acabou no apartamento alheio, em meio aos brinquedos da nossa pequena vizinha. Novas amizades descobertas pela sinceridade de duas crianças que, mesmo tendo poucos assuntos a compartilhar, souberam rapidamente achar uma diversão comum.

Dez meses e sete anos, são como duas espécies diferentes. Às vezes é difícil imaginar como uma foi tão pequena e como a outra sofrerá tantas mudanças em seis anos.

Voltamos para a nossa casa para dar almoço para Maya, que dormiu em seguida, exausta. Uma pausa para um macarrão caseiro e um final de filme em frente à televisão.

Uma hora e meia de soneca, uma hora e meia não agachados ou sentados no chão. Nós estávamos prontos para mais uma voltinha, ela com uma disposição incrível para longas horas de caminhadas e descobertas.

A chuva não deu trégua e nossa tarde não passou na monotonia. Primeiro recebemos a visita dos meus pais com o meu sobrinho, em seguida chegaram minha cunhada e sobrinha e, por fim, minha prima com o marido, que ficaram até mais tarde nos acompanhando na tradicional pizza de domingo.

É claro que antes da pizza vinham as responsabilidades: preparar e dar o banho, preparar e dar o leite, e, por fim, colocá-la na cama.

Hoje, em especial, mesmo após o banho e o leite, ela estava agitada. Como de costume, coloquei-a no berço e me retirei. Minutos depois a escuto dizendo:

– *Olha!*

– *Mamã.*

– *Papai.*

– *Vovó.*

Quase todo o repertório foi dito em questão de minutos. Novamente ao quarto, chequei se ela não queria um pouco mais de leite e recoloquei-a no berço, ajeitadinha de lado em companhia da chupeta e meus votos de bons sonhos.

Por hoje, precisei ainda repetir este processo três vezes até obter o desfecho esperado. Comi a pizza requentada e perdi parte da conversa. Enfim, ossos do ofício.

Primeiro ano

Um ano. Um marco.

Um dia que parecia tão longe, mas que chegou tão rápido.

Não era uma data para se passar em branco, por isso convidamos a família e amigos próximos para casa. O convite foi feito para as três da tarde para que, assim, tendo dormido a soneca pós-almoço, sua disposição estaria garantida. Serviríamos bolos, brigadeiros e sanduíches para constar algum sabor salgado. Arrumei a mesa com todos os seus brinquedos ao redor e ela ficou bastante alegre.

Quando ela acordou, eu estava pintando um "Parabéns Maya" na intenção de colocá-lo na parede atrás da mesa. O sorriso que ela deu ao ver seus amigos ao redor da mesa foi inesquecível, valeu todo o trabalho. Notando a presença dos lápis de cor, imediatamente teve sua curiosidade despertada.

Sentada, ficou a traçar seus primeiros rabiscos, tentando imitar a mim enquanto eu pintava. Curioso. Eu e meu marido somos destros, mas ela insistia em pegar o lápis com a mão esquerda, não aceitando de forma alguma a opção da mão direita.

Será ela canhota?

Um simples gesto e vislumbramos um tanto além. Será alta, baixinha como a mãe, usará óculos como o papai. Gosta de montar, tem jeito para engenheira. É muito criativa, será arquiteta. Gosta de cuidar dos outros, será uma boa médica.

"Cedo para dizer". "Concordo"."Também acho". "Não acho". Entre tantas opções de respostas, preferia um sorriso e nada mais, sob muita insistência, arriscava um "quem sabe". Particularmente não gosto de dizer, não gosto que ela ouça. Prefiro deixar acontecer, genuinamente. Esperar o próximo episódio sem tanta necessidade de prevê-lo. Viver o hoje e agora. Para mim, já eram novidades o bastante.

Por ora, estava entretida com os vários presentes. Brinquedos nos mais diversos tamanhos e cores, mas, em meio a todos, gostou mesmo de brincar com a bengala do vovô. Todo um marketing de brinquedos coloridos, falantes e brilhantes criados para atrair a atração das crianças e, ainda assim, ela preferiu uma simples e opaca bengala. Divertiu-se muito. Festa simples, caseira, significativa. Estava enganada por pensar que ela era ainda muito nova para aproveitar e que a festa seria de fato para os pais.

Ao fim da festa, enquanto eu passava um pano de chão a fim de não atrair dezenas de formigas interessadas no granulado dos brigadeiros, minha filha acabou escorregando, devido ao piso molhado. Foi um escorregão daqueles de deixar qualquer adulto travado por uma semana. Corri para pegá-la no colo a fim de oferecer algum consolo. Imediatamente parou de chorar. Não era o poder da mãe, mas sim de um botão da minha blusa que atraiu sua atenção.

– *Você viu o botão da mamãe?*

A palavra "botão" foi ainda mais divertida que o próprio acessório. Gargalhava somente por me ouvir dizer "botão", dando especial ênfase no "ão".

Curioso pensar na habilidade dos bebês de passar do mais sofrido choro à mais gostosa e sincera gargalhada em questão de minutos. Uma queda dolorosa, um brinquedo perdido, tirado do alcance, uma recusa, uma proibição. Por mais trágica que seja a situação e por mais infeliz que seja o choro, tudo pode passar como um milagre quando chamada a atenção para algo bom, interessante ou divertido.

A menos que seja uma dor física grave, os bebês não sofrem em longo prazo. Que bom se fôssemos como os bebês. Adultos. Um caso complicado.

Quanto tempo perdemos buscando entender a fundo a razão e o porquê de as coisas não sairem como planejado? Por que as pessoas agem de determinada forma, de desagradável maneira?

Horas, dias, meses, anos, uma vida inteira. Deixamos de ver o bom, refletindo sobre o ruim.

Reflexão. Uma habilidade que os bebês não têm e talvez por isso eles sejam tão e simplesmente felizes.

Adultos sofrem ao longo prazo. Sofremos no momento da ofensa, da briga, da perda, do susto, mas também sofremos após, tentando entender o porquê as desgraças acontecem e, o mais difícil, entender o porquê aconteceram conosco.

Quanto tempo, quanta dedicação, quanto saber, quanto sofrer. E o algo bom, interessante e divertido que acontece enquanto? Não vemos, não percebemos, não damos atenção.

Fim do sofrimento. Enfim. Entendemos o porquê. Aprendemos com os nossos erros.

Quanto tempo se passou?

Horas, dias, meses, anos, quase uma vida inteira.

Quantas coisas boas deixamos de ver e viver?

Valeu a pena?

Melhor não pensar, senão seguiremos para mais um sofrer.

Talvez seja melhor pensar menos, saber menos, aprender menos, ter menos razão para não deixar tantas maravilhas passarem despercebidas. Talvez seja melhor abreviar o sofrimento para ser um pouco mais tão e simplesmente feliz. Mais uma lição de vida que aprendi com minha filha.

Como é bom ser criança

– *O que você lembra da sua infância? Que lembranças você vai guardar de mim?* – uma vez meu pai me perguntou.

Fui pega de surpresa, naquele exato momento não soube responder. Aos poucos ameacei riscar uma carta resposta.

"Lembro de você me dando parte do seu ovo com tomate na minha boca. Lembro que víamos uma árvore solitária na montanha, na estrada a caminho de Campos do Jordão, e imaginávamos cada vez uma nova história. Sultões, poderosos reis, princesas, animais extraordinários, objetos ganhavam vida, folhas e flores, sentimentos."

"Lembro do seu hábito estranho de fazer perguntas esquisitas:"

– *Qual será o tamanho daquela bola amarela no fio de eletricidade.*

– *O que é um ovo?*

– *Por que nós dormimos?*

– *O que é o tempo?*

– *Que pergunta pai, sei lá…*

– *Não, quero uma resposta* – ele exigia.

E, assim, fazia com que eu refletisse sobre o óbvio, ver o comum a partir de um novo olhar. Sempre perguntando mais porquês a partir de cada resposta dada.

Um brinquedo especial e outras infinitas bugigangas foram esquecidas. Com o tempo percebemos que o "fazer com" registra mais do que o "ter".

Doce, divertida, curiosa. Como seria bom voltar a brincar, rir desinibidamente, chorar sem medo de revelar fragilidade, gargalhar sem medo de ser sincero demais. Ótimas lembranças. Eu tive o prazer de revivê-las em fase adulta. Presente que ganhamos com nossa filha. Foram três dias marcantes.

No primeiro, estávamos em seis casais, dividindo uma mesma casa. Nós éramos o único casal com filho e ela a única criança a bagunçar e fazer barulho. Choros e inconvenientes à parte, dia após dia, pela convivência, todos voltaram à infância. Palhaçadas, caretas, sons e músicas retiradas do fundo do baú. Cada um resgatava alguma habilidade para interagir com ela. Passávamos um bom tempo a rir e lembrando dos bons momentos da infância.

Músicas. Cada geração tem a sua preferida. Não éramos diferentes. Muitas, ainda as mesmas desde a época de nossas avós. De tanto ouvir, difícil encontrar uma mãe com filhos pequenos que não as saiba de cor. Às vezes, víamos alguma a cantarolar pelas ruas, até mesmo desacompanhada de filhos.

Uma, duas, três vezes e desapercebidamente as músicas já ecoavam na voz de todos da casa. Divertíamo-nos a imitar seus gestos, sons e palavras mal produzidas. Uma tarde, confesso que fiquei no canto da sala rindo comigo mesma por ver dez adultos formados, cada qual escondido atrás de uma almofada ou objeto qualquer, à espera de ser por ela encontrado. Divertiam-se como crianças, como ou até mais que a própria criança em questão.

Criança traz bagunça, barulho, confusão, mas também nos proporciona reviver momentos incríveis, trazendo de volta aquela ingênua risada, aquela careta, aquela brincadeira que já não encontramos tão facilmente no mundo de gente grande.

O segundo episódio foi na praia. Como a maré estava altíssima, havia pouco espaço para praia, mas uma estreita passagem nos permitia caminhar tendo a água a nossos pés. O tempo parecia bom, mas, do nada, começou a chover.

Sem raios e trovões, nuvens claras: não tinha sol, mas estava quente e abafado. Correndo eu em busca de abrigo, notamos que a chuva de fato não incomodava. A alegria e o riso ingênuo, sincero e infantil tomavam posse acima das responsabilidades e formalidades que marcam a vida adulta.

Éramos três crianças rindo e correndo na chuva. Estar na chuva a gosto, não um molhar indesejado e incômodo. No calor, sem raios e trovões, uma diversão que não tem preço, vale a pena.

No último, estávamos com meus pais num sítio literalmente no meio do mato, sem sinal de telefone e a cerca de uma hora de qualquer centro comercial. Em busca do seu chapéu de sol, notei que não somente estávamos sem ele como também estávamos sem a mala dela. Pronta e equipada, ela havia sido esquecida em casa, provavelmente ao lado da porta de saída.

Ainda tentando manter a calma, comecei a averiguar se estávamos ao menos munidos de um kit sobrevivência. O principal ponto crítico eram as fraldas. À procura de alguma esperança, levantei a mala dos meus pais e abaixo dela estava um pacote de fraldas e uma bolsa. Uma troca de roupa completa, leite, mamadeira, sabonete infantil e escova de dente. Pensando bem: precisamos de algo a mais que isso? Sim. O berço que estava presente e a roupa de cama que estava na nossa mala. Alívio.

Enquanto nos preocupávamos com a mala, a Maya só tinha atenção para as galinhas, ovelhas, cavalos, cachorros, pássaros.

– *Olha! Olha! Olha!* – dizia ela bem alto, entusiasmada com tantas novidades.

Parei, olhei e senti. Aquele cheiro era especial. Um delicioso perfume de grama molhada misturado ao aroma das flores. Era o cheiro dos bons momentos da minha infância.

Tínhamos para ela exatos doze itens e nada mais naquela enorme mala esquecida nos fez falta. Curioso. Tanto ter e, de repente, percebemos que precisamos de tão pouco.

Tão fácil realizar quando temos espaço, árvores e animais em torno. Tão difícil, quando estamos em um shopping center ou hipermercado cheio de embalagens coloridas, roupas novas e utensílios com apelativas promessas de maior conforto, menos esforço e mais praticidade.

"Quero ou preciso?"

Gosto sempre de me perguntar a caminho do caixa. Ajuda a não levar algo em excesso, desnecessariamente.

Morar em um apartamento, em meio aos muros da cidade grande, nos faz querer e precisar de tanto mais. Talvez para preencher a falta do verde, a falta de espaço. Alguns anos depois, a verdade foi dita pela menor boca, na estrada, enquanto voltávamos para São Paulo.

– *O que foi Maya, porque está chorando?*

– *Não quero voltar... estou com saudades da natureza.*

– *Natureza?* – perguntei, estranhando tal palavra em seu vocabulário de apenas quatro anos de existência.

– Natureza... as árvores, cachorros, cavalos, passarinhos. Quero morar lá, não aqui.

Se tivesse escrito, eu assinava embaixo. Vontade de dar meia volta era quase irresistível. Quando criança, também chorei muitas vezes no caminho de volta à cidade, mas meu sonho de morar longe foi sendo adiado. Família, oportunidades de trabalho, amigos. Tantas razões para mudar, tantas outras para ficar.

Suportamos o choro da Maya e meus pensamentos até a porta de casa. Entre desfazer as malas e seus cavalos de brinquedos, o desejo foi carinhosamente posto à parte, não esquecido, apenas adiado indefinidamente. Um bom lugar para viver. Nunca a grama é tão verde, nem tão seca, como a vimos pela primeira vez, de relance.

Por enquanto, durante a semana, o plano era ver e mostrar a ela o lado bom de viver onde estamos. Um domingo, algumas horas livres. Tentava aproveitar cada breve oportunidade para dar aquela escapada, ir além dos muros e paredes, curtir o lado bom da verde grama ao lado.

Pequenas ações e grandes descobertas

Um ano, três meses e onze dias.

– *Qué brinca?*

O dia inteiro, ouvia essa pergunta umas trezentas vezes. Brincar sozinha, comigo, com outras crianças. Não importa. Estando acordada, queria brincar.

– *Do que você quer brincar?*

As mesmas brincadeiras eram sugeridas. Natural. Crianças adoram um repetir, um "de novo". Ajuda-as a entender melhor, olhar novamente, tentar mais uma vez. Mesma música, mesma brincadeira, mesmo jogo, mesma história. Quem é mãe sabe bem do que eu estou falando.

– *Vamos brincar diferente? Ouvir uma música nova?*

Às vezes aceitava, às vezes recusava, não aceitando nem mesmo um pequeno mudar.

– *Uma vez eu escolho, uma vez você. Combinado?*

Uma ótima saída. O equilíbrio perfeito entre ceder e não ceder, garantindo assim uma pequena variação.

Um combinado que nas entrelinhas ensina "não será sempre do seu jeito e nem por isso será chato", "ceder e não ceder faz parte da brincadeira", "o novo pode ser surpreendentemente divertido". Aprendizados que podem fazer a diferença entre o brincar ou brigar com outras crianças, entre o adaptar-se mais fácil ou não à escola.

Por aqui, toda manhã, a mesma brincadeira se repetia. Não sei quando e em que momento minha filha assistiu esta cena e a criou, mas toda manhã ela sentava na cadeira do escritório. Com uma caneta e um pedaço de papel, riscava as primeiras letras a dizer:

– *Um, dois, três, quatro, sete, oito, nove, dez.*

Ou:

– *M A Y A* – como se quisesse caprichar no desenhar de cada letra.

Ultimamente tem repetido tudo que escuta. Estava no banheiro do shopping quando uma senhora, após derrubar a bolsa no chão, disse em tom audível...

– *Ai merda.*

– *Ai meda* – repetiu minha filha, logo após.

Procurei não dar importância para o dito para que não ficasse por ela registrado, mas nem tudo estava ao meu alcance. Outros objetos caíram e tiveram o tradicional "caiu" substituído pelo "ai meda".

À noite, saí com minhas amigas e deixei ao meu marido a tarefa de colocá-la para dormir. Dez horas da noite toca o meu celular. Era o meu marido impressionado a contar:

– *Achei que ela só sabia "Atirei o pau no gato", mas ela sabe todas. Eu começo a cantar qualquer uma delas e ela continua.*

Soube que esta última havia sido a quarta frustrada tentativa de colocá-la para dormir. Felizmente dormiu minutos após a nossa ligação.

Um ano, quatro meses e quinze dias.

– *Maya, quer passear?*

– *Não.*

– *Quer ir à piscina?*

– *Não.*

– *Qué música.*

– *Qué caneta, papel, creve.*

– *Qué binquedo.*

– *Qué livro.*

– *Qué uva passa. Qué maçã.*

– *Joga, bola, gol*

– *Maya, está cansada?*

– *Não.*

Aparentemente, sabia exatamente o que queria e o que não queria, mas reconheço o atual apreço pelo "não". Cabia a mim, não dar opções demais. Duas possíveis opções e evitávamos conflitos. Uma boa escolha. Ela sentia-se empoderada, e eu, no controle das alternativas.

Certa vez o impasse foi na hora do almoço.

– *Maya, almoço está servido.*

– *Não qué.*

– *Se não está com fome, não precisa comer. Venha na mesa só para fazer companhia.*

– *Não qué.*

– Sabe quando você me pede comida, leite, água... posso responder "não quê?"

Silêncio. Após um breve intervalo para deixá-la reformular as ideias arrisquei novamente:

– Não precisa comer se não estiver com fome, queremos sua companhia, pode ser?

Não demorou muito até que estivesse sentada a mesa. Conversamos, experimentou um tomate, uma colher de feijão. De fato, não parecia estar com fome. Não insisti, não me preocupei. Particularmente, acredito que três refeições por dia pode ser muito para uma criança pequena. Um experimentar no café, um almoço com mais apetite, um jantar pouco. Não importa a ordem, nunca tínhamos três refeições com grande apetite, nunca tínhamos três refeições sem apetite algum. Preencher os intervalos com brincadeiras ativas, sem muitos pequenos lanches e o apetite estará garantido na próxima refeição. Por aqui, era tão certo como um cálculo matemático.

Em casa sempre tivemos uma cesta de frutas na mesa da cozinha. Todos gostam. Um pequeno banco e consegui deixá-la acessível às suas pequenas mãos. Banana, maçãs, algumas uvas, ameixa, pêssego ou nectarina já pré-lavados. Uma fome fora de hora e ela mesma recorria à cesta, passava uma água na fruta e resolvia-se sem precisar de ajuda.

Por volta da cinco da tarde, um frango que eu estava a assar para a janta ficou pronto.

– *Qué cane* – dizia, se referindo ao frango como carne.

Atendendo à sua fome, antecipamos um pouco o jantar. Após comer boa parte do frango foi até a porta e disse.

– *Água, coco.*

Ela queria tomar água de coco na praça, distância de cinco minutos a pé da minha casa. Já cansada de ficar em casa, achei a caminhada uma ótima ideia. Fomos à praça, ela tomou um coco inteiro e voltou andando. Sem carrinho, sem colo, caminhando ida e volta.

– *Canta. Marcha, abc, ati, aaaabaati, a cano, o sapo, boleta, capitão* – dizia, a pedido que eu cantasse as músicas por ela conhecidas enquanto subíamos a ladeira. Terminada uma, ela logo dizia:

– *Cabooo. Outro Otro.*

Costumava parar de propósito a música no meio só para ouvi-la continuar, a seu modo, algumas sílabas a menos, mas muitas pronunciadas com uma perfeição especialmente gostosa de ouvir.

– *O peixinho vai nadando, vai nadando de mansinho, ele sobe, ele desce, dá uma volta, e outra volta e continua o seu...*

– *Camino* – dizia, a acompanhar a melodia. Esta era uma das minhas preferidas.

No outro dia, fomos a um restaurante almoçar. Maya ficou sentada conosco boa parte do tempo, mas depois quis se levantar. Imediatamente saiu andando por entre as mesas. Minha mãe discretamente me alertou:

– *Apesar de todos dizerem "ai que fofa", não é nada bonito atrapalhar a refeição dos outros. A verdade é que é fofo, mas incomoda.*

Eu já estava com ela no colo, pois compartilho da mesma opinião. Confesso que até chegar a conta foi um pouco difícil mantê-la no colo. Estava mais interessada em mexer na bolsa da jovem sentada na mesa ao lado. Uma bolsa toda estampada, cheia de badulaques pendurados.

– *Não pode mexer* – disse a ela, em tom baixo, mas firme.

Dizer "não" a uma criança é uma arte. O "não" não pode ser pronunciado de qualquer forma. Sou da defesa de que não adianta gritar. A criança se assusta, chora, muitas vezes sem entender o ocorrido. Tom baixo. No entanto, o tom baixo não pode ser meloso, em tom de súplica. Deve ser firme, olhando nos olhos da criança, de preferência estando no mesmo nível.

O primeiro "não" que eu disse a ela foi em casa, enquanto ela insistia em mexer nos delicados enfeites que ficavam na mesa de centro da sala. Dizer não entre quatro paredes é sempre mais fácil do que estando em público, mas nem por isso aquele "não" foi simples de ser dito. Já havia dito alguns: "não pode mexer", mas nenhum havia atingido seu propósito.

Muito pequena para entender?

Talvez sim, talvez não.

Os livros dizem muito sobre o assunto. Não tenho dúvidas que os pequenos registram mais os reforços positivos do que negativos, aprendem e se desenvolvem mais a partir do "muito bem" do que do "não pode", mas não há como educar sem o "não".

Eu precisava lhe impor limites. Segurei sua mão antes que pudesse encostar no objeto proibido e, olhando-a nos olhos, agachada ao mesmo nível de sua altura, disse em tom baixo e firme:

– *Não pode.*

Olho no olho, ficou séria e aos poucos seus olhos se encheram de lágrimas. Com o coração partido, por pouco os meus também não se encheram. Chorou bem pouco e logo se acalmou em meus braços.

Desde então tentou mexer mais algumas vezes, mas sempre seguia com a mão discretamente. Bastava um não para ela retirar a mão.

Aos poucos conseguimos conviver em paz estando com ela e os enfeites em um mesmo ambiente. Não precisei tirá-los de cena e tampouco foram quebrados, mas até hoje me lembro com o coração apertado da sua expressão sentida quando eu disse o primeiro "não".

Não costumo dizê-los com frequência. Em geral, ainda prefiro chamar sua atenção para algo permitido a recriminá-la por mexer em algo proibido. Tenho esta carta na mão para situações extremas, nas quais ela se mostra muito relutante em fazer aquilo que não pode. Dizer um "não" respeitável é uma arte, digna de aplausos quando vemos uma criança retirar a mão ou se afastar logo após.

Imagino minha filha daqui a alguns anos a discutir seu ponto de vista e argumentar suas vontades. Como dizer um "não" respeitável a alguém que por pouco já não alcançou sua altura?

As coisas mudam, as crianças crescem. O "não" que hoje simplesmente proíbe, com o tempo deve vir acompanhado de explicações. Nada fácil criar, nada fácil educar filhos.

Enfim, ainda tenho muito a ensinar, muito a aprender.

Gente grande

Ela estava completando seus dois anos e três meses de vida e eu, a caminho dos trinta. Hora de ir para escola.

Por enquanto a decisão cabia a nós, mas eram muitas opções e metodologias. Maiores, menores, mais verdes, salas mais amplas. Professoras bilíngues, trilíngues. Levei tudo em consideração, mas tive uma prioridade acima de tudo: queria uma escola perto de casa.

Sendo assim, decidimos por uma, que por acaso foi a mesma escola que meu marido estudou a vida inteira.

Não precisei acordá-la. Sem entender muito, colocou o uniforme e fomos. Porta adentro, tive uma sensação estranha.

Será que faz tanto tempo assim que eu deixei de ser aluna?

Confesso que foi estranho olhar aquelas enormes meninas do colegial e passar entre elas com uma filha.

Chegando na classe, uma simpática professora veio nos receber. O primeiro dia era só para apresentações. Mães, babás, pais, avós e crianças, todos podiam entrar e brincar juntos. Ela adorou, mas não pude considerar a experiência parte da adaptação.

No dia seguinte a instrução foi outra:

“Mães esperam no banco, somente crianças na sala.”

– *Vem mamãe, vem brincar.*

– *Mamães não podem filha, só criança, vai lá que eu fico aqui.*

Estranhou um pouco. Foram várias idas e vindas ao banco até a hora de ir embora.

Terceiro dia:

“Crianças na escola, mães vão para casa e ficam de sobreaviso.”

Foi bem difícil. Assim que percebeu que eu não estaria lá com ela, começou a chorar desesperadamente. Não tinha conversa, apesar de diversas tentativas.

Dois dias se passaram sem nenhuma evolução.

Uma conversa com a professora e estava decidido. Ela seguraria a Maya e eu deveria sair. Rápido assim, para evitar maiores sofrimentos de ambas as partes.

Seguindo a orientação, assim agimos. Não foi nada fácil. Dar aqueles passos em direção à saída foi um sufoco. O choro era desesperador e eu me senti a pior das bruxas dando-lhe as costas e indo embora.

Devo assumir: fui embora em termos.

Disse a todos que iria, mas entrei no banheiro com os olhos cheios. Muito simpática, a moça do vestiário veio me consolar.

– *Está tudo bem, mas você pode me fazer um favor?* – disse, com medo dela me achar um tanto quanto estranha.

– *Você pode ir até a entrada da sala e ver se minha filha está bem?*

Um grande alívio.

Ela já estava brincando como se nada houvesse e eu ainda sofrendo... Pensando bem, acho que minha adaptação foi mais difícil que a dela.

Os próximos dias seguiram da mesma forma. Escândalos na porta, uma despedida bem difícil e depois, um gentil passarinho vinha me contar que porta adentro as lágrimas davam lugar a uma menina alegre e carinhosa.

Queria poder fazer o mesmo. Aquele rosto em tom de súplica a chamar "mamãe" era de cortar o coração e bem difícil de esquecer.

– *Mamãe, não quero ir pra escola* – assim começou a reclamar, antes das sete da manhã.

– *Por que filha?*

Silêncio.

– *Você não gosta de brincar com a Nicole, o Gael, a Juju...*

– *Gosto, mas eu não quero ir pra escola todo dia.*

– *Quero passear com você mamãe, não quero ir pra escola.*

– *Mas a mamãe precisa trabalhar hoje, sábado a gente pode passear.*

O tom de reclamação cedeu lugar a um choro sem fim.

Parei, pensei e, por fim, arrisquei.

Tentando reproduzir sua expressão sofrida sentei num canto da cama.

O choro teve uma pausa e deu lugar a curiosidade.

– *O que foi mamãe?*

– Não quero trabalhar. Quero ficar em casa brincando com você.

Silêncio.

– Mamãe, não precisa ficar triste. Depois que eu sair da escola a gente pode brincar juntas.

– Vem mamãe, eu te ajudo.

Como uma grande criança, fui conduzida pela sua pequena mão até o carro.

Na volta, brincamos bastante. Preparar comida, dar banho, cuidar dos machucados, colocar roupa, calça, levar para passear, todas as minhas falas e atitudes eram curiosamente reproduzidas tendo como alvo os mais diversos bichos de pelúcia e bonecas.

Adorava cuidar de todos e muitas vezes me incluía dentre a lista de filhos.

– Vã, você quer água? Peraí que eu vou pegar pra você tá mamãe.

– Tá cansada Vã? Deita aqui que eu faço carinho...

– Quer colocar aquela blusa verde? Peraí que eu te ajudo.

O tradicional mamãe, dava lugar à pequena Vã aos cuidados da grande Maya. Uma inversão de papéis e a diversão era garantida, além de ser uma ótima estratégia para descontrair e dar fim às situações em que os argumentos falham e o quero, não quero se tornam insistentemente cansativos.

Cá entre nós, melhor do que a felicidade por dar fim àquele choro manhoso e chato, era poder cochilar sentindo um delicioso passear de dedinhos tentando imitar o cafuné da mamãe.

Brincar de faz de conta. Talvez a brincadeira mais antiga do mundo. Nada melhor para entreter, nada melhor para entender. Crianças pensam e enxergam diferente dos adultos.

Maya, por que você acha que…?

Maya, como podemos resolver?

Perguntas simples. Cada uma, uma pequena chave de acesso àquela pequena cabeça pensante. Respostas diretas, surpreendentes. Como me ajudavam a ser uma mãe melhor, a entender seus medos e sentimentos.

Fraldas. Ainda tínhamos esse problema, assim como a maioria das crianças na sala.

Um mês de aulas e a professora me avisou que ela estava pronta para usar calcinha.

Será?

Um pouco insegura, resolvi arriscar.

Estávamos no último pacote de fraldas, quando avisei a ela que não compraria mais. Ao invés disso, iríamos comprar calcinhas iguais às da mamãe. Gostou bastante da ideia e adorou escolher as mais coloridas estampas.

No caixa, pedi gentilmente à vendedora que embalasse as calcinhas para presente, uma a uma.

– *Cada xixi na privada abriremos um presente novo, combinado?*

– *Combinado.*

Tiramos a fralda e colocamos a calcinha amarela mais bonita. Brincamos um pouco e percebi uma certa agitação de pernas.

– *Quer fazer xixi?*

– *Sim.*

– *Vem, vamos rápido até a privada.*

– *Não quero.*

– *Vem no peniquinho então.*

– *Não.*

Não precisei dizer mais nada. A linda calcinha amarela já estava toda molhada, assim como o chão e a meia.

– *Mamãe, tô molhada* – resmungou, com lágrimas no rosto.

– *Não tem problema linda, da próxima vez sentamos mais rápido na privada e não vamos molhar mais calcinhas.*

Até o fim do dia foram várias calcinhas molhadas e nenhum xixi na privada. Aceitou sentar algumas vezes, mas fazia xixi justamente no minuto que estávamos fora do banheiro.

Penico, nem pensar. Nenhuma experiência ruim com ele, mas definitivamente não gostou.

– *Mamãe quero fazer cocô.*

– *Quero a fralda!*

O que fazer?

Voltar atrás?

Ela estava segurando ao máximo, não queria sujar a calcinha e também não aceitava sentar na privada.

– *Tudo bem, vou pegar a fralda.*

Abri o armário e percebi o estrago já feito no chão.

Respirei fundo, contei até dez e coloquei a fralda para que pudéssemos dormir uma noite tranquila.

Segundo dia.

Um ponto para a privada, vários para o chão.

À noite, estava bem cansada. Será mesmo que ela já está preparada?

Estudos dizem que não há idade certa para se tirar a fralda, desde que a criança tenha apresentado os tais sinais que está pronta.

Vejamos quais são:

Andar com firmeza e até correr.

Fazer bastante xixi de cada vez, e não de pouquinho em pouquinho.

Fazer um cocô razoavelmente sólido, em horários mais ou menos previsíveis.

Ficar seca por, pelo menos, três horas, indicando que os músculos da bexiga conseguem segurar a urina.

Ficar incomodada quando a fralda está suja ou molhada.

Ter palavras xixi e cocô como parte do vocabulário.

Entender os sinais físicos de que está com vontade de ir ao banheiro e conseguir pedir para ir.

Melhor que esteja numa fase que quer colaborar e não numa fase "do contra".

Demonstra interesse em usar cueca ou calcinha e ver outros indo ao banheiro.

Consegue seguir instruções simples e entende que cada coisa tem seu lugar.

Todos os sinais presentes. Resolvi insistir com calma e muita paciência para limpar as escapadas por aí.

Terceiro dia. Nossa manhã passou no lucro. Nenhum escape no chão. Dois xixis e um cocô na privada.

– Podemos sair um pouco? Há dois dias estamos presos em casa limpando sujeira dela pelo chão.

Ok. Passeio aceito. Mas, e agora... Ir de calcinha ou recolocar a fralda?

– Coloca a fralda, não tô a fim de limpar o carro ou chão da rua.

Um pouco frustrada por ter que voltar atrás justamente quando tudo parecia entrar nos eixos, segui à procura do pacote escondido no fundo do armário.

– Amor, você viu onde estão as fraldas?

– Não. Não estão no armário?

– *Peraí, vou fazer xixi e já continuo procurando.*

Minha filha logo veio me acompanhar.

Assim que abri o lixo tive uma surpresa.

– *Mamãe, você já é grande, não precisa mais de fralda e eu também. Coloquei tudo no lixo.*

E lá estavam meus dois pacotes de absorvente junto com as fraldas dela.

– *Tem certeza?* – perguntei, estranhando tamanha segurança.

– *Sim, não preciso mais de fralda.*

Arrumamos as coisas e saí, sem contar para meu marido o risco que estávamos correndo.

Felizmente o escape foi pouco. Três calcinhas ligeiramente molhadas, mas nenhum resquício pelo chão, cadeira, sofá ou carro.

À noite corri para providenciar um novo pacote pequeno só para a hora de dormir.

– *Mamãe, não quero mais fralda.*

Com um frio na barriga de pensar na noite mal dormida, escondi o pacote e deixei ela dormir com a calcinha de bolinhas.

Duas da manhã.

– Mamãe, fiz xixi!

Ela não errou a conjugação verbal. Toda a cama já estava molhada. Respirei fundo e, com ela ainda meio adormecida, providenciei toda a troca.

Infelizmente o episódio foi mais frequente do que eu gostaria. Passaram-se duas semanas com em média dois a três xixis na cama por noite. Todos devidamente avisados por ela após já terem sido feitos.

– Maya, avisa a mamãe antes de fazer.

Nenhuma vez obtive resposta. Após o chamado de alerta ela logo dormia outra vez, antes mesmo que eu pudesse chegar ao quarto.

Algumas sugestões de mães amigas.

"Tenta não oferecer água antes de dormir."

Não era uma opção, ela já tinha autonomia para pegar o copo e colocar água do filtro.

Tomava bastante água sim, mas não era só à noite. Um bom hábito, não?

Restringir água me parecia algo muito malvado...

"Tenta colocar a fralda depois que ela pegar no sono."

Bem que eu tentei, mas seu sono era muito leve e eu sempre acabava levando bronca e recolocando a fralda no armário.

"Leva ela para fazer xixi à meia noite, ou antes de você deitar."

Um bom conselho, mas nem sempre ela fazia e às vezes ficava muito brava por ter seu sono interrompido.

Solução?

Pois é, acho que eu não tinha escolha. Ao contrário da mamãe cheia de dúvidas, Maya estava decidida a ser uma menina grande e de calcinha. Restava-me ter muita paciência e algumas olheiras a mais.

Um protetor de colchão, um outro protetor antes usado para o berço colocado estrategicamente no local de maior probabilidade de ser alagado, e sua cama estava devidamente preparada para enfrentar os xixis fora de local sem muitos prejuízos.

Quando o xixi atingia somente o protetor de berço, minha volta ao sono era bastante rápida. Uma puxada, uma troca de roupas inferiores e estava feito. Muitas vezes nem chegava a molhar o lençol ou cobertor. Ao fim do mês, eu era praticamente uma olheira só. Acabada pelas noites mal dormidas. Desanimada, já com a paciência comprometida tive meu presente.

– *Mamãe! Quero fazer xixi!*

O tão comum pedido durante o dia, finalmente foi feito às duas da manhã. Pela primeira vez levantei da cama animada.

Estava semiadormecida, por isso me encarreguei de fazer tudo o mais rápido possível. Cama e calcinha secas, voltei ao sono bem feliz esta noite.

Nossas próximas noites saíram no lucro. Ou devo dizer: em termos. A calcinha continuava seca, mas ela não chegava a despertar a ponto de ir por si só até o banheiro. Ela chamava e eu tinha que pegá-la e fazer tudo o mais rápido possível. Um enrolar a mais na cama e o estrago era feito no lençol.

Era um rápido momento acordada, para um chamado apenas, que, a depender da minha rapidez, evitava toda uma troca e me garantiam uma breve pausa no sono.

E assim seguimos até eu perder a noção de tempo. Por sorte, a quantidade de xixis noturnos foi diminuindo e, nos dias de sorte, eu conseguia minha noite de sono sem pausas.

Com o tempo

Domingo à tarde. Dia de visitar meus avós. Sim, minha filha teve o privilégio de conviver com bisavô e bisavó. Entre tantos medicamentos para amenizar dores e favorecer o bom funcionamento dos órgãos, a visita dos bisnetos era como uma injeção de energia e vitalidade. Um despertar para aquele que já cultiva o cochilo como hábito, à espera que o tempo simplesmente passe.

Acordar, comer, um pouco de sol, um cochilo, acordar, comer, um breve passeio, comer, tomar banho e dormir. Encontramo-nos novamente na mesma rotina enquanto recém-nascidos e em idade avançada. Alimentação restrita a pastosos, fraldas, rodas para ajudar a se locomover, dificuldade para dormir horas seguidas à noite. Alguns retomam, inclusive, esses antigos hábitos.

Difícil saber que assim estão e não estarão melhores e mais fortes amanhã. A vida é um ciclo dentre infinitos outros. Importante respeitar cada fase. Apesar de aparentemente semelhantes, não são iguais e não podem ser tratados da mesma forma. Idosos recusam comida não porque ainda estão em fase de adaptação aos sabores, mas porque medicamentos, doenças e limitações tiraram-lhe o apetite. Ficam nervosos pela dificuldade de aceitar a situação debilitada em que se encontram, não porque querem fazer birra ou manha.

Uma visita. Não somente para saber como estão ou se estão se sentindo melhores. Trazer um mimo de dar água na boca, de preferência aquele sabor que lembre a infância; contar algo bom; trazer um neto ou bisneto para colorir o dia. Enxergar além daquele idoso debilitado, a cochilar constantemente e repetir as mesmas frases, palavras ou barulhos. Conversar sem exigir respostas. Lembrar momentos engraçados, comidas gostosas, lugares preferidos. O melhor que podemos fazer por eles. O melhor exemplo que podemos dar aos nossos filhos.

– *Lamento não ter passado mais tempo com os filhos quando pequenos* – dizia meu sogro já próximo do fim.

Um, quase, senso comum compartilhado por tantos já em idade avançada. Trabalho, obrigações e afazeres impedem de estar, de participar. Quando avós, uma segunda chance lhes é dada. Um privilégio para idosos, um privilégio para nossas crianças. Cores, ânimo, vida para quem já não sente tanta sede por novas descobertas. Paciência e tempo para brincar, dar uma volta, conversar e contar histórias. Um perfeito encaixe para o que o outro mais precisa.

Saindo de lá, fomos até a praça para tomar um coco. Estava sentada quando vi uma mãe com um bebê de poucos meses de vida nos braços. Lembrei-me de mim mesma nessa fase com minha filha, a estar naquele mesmo lugar com ela no colo. Estranho pensar que minha filha foi algum dia pequena como aquele bebê. Mal conseguia me lembrar do seu rosto na época, de como era segurar alguém tão pequena e frágil.

Lembro-me de outras mães na minha atual situação a olhar para mim com expressão de nostalgia. Muitas diziam:

– *Aproveita porque esta é a melhor fase e passa muito rápido.*

Curioso. Com minha filha andando e falando tive vontade de dizer àquela mãe justamente o contrário.

"Está achando bom agora? Se prepara porque o melhor ainda está por vir."

O melhor ainda está por vir. Mesmo hoje, vivendo o melhor, continuo a acreditar que o melhor ainda está por vir.

Não sei se todos encontram paixões na vida. Eu encontrei algumas. Ser mãe, foi uma delas. Apaixonei-me por esse novo aprendizado, pelos novos desafios. É certo que cada criança tem seu jeito, sua personalidade: mais tímida, ansiosa, agitada, desconfiada, sensível, teimosa. No entanto, o objetivo final é sempre o mesmo: a harmonia, o equilíbrio. Um educar gentil, mas eficiente. O mundo pode cair ao redor. Posso ficar horas e horas admirando lindas palavras como "por favor", "obrigado", "não vou fazer isso porque não é certo" ou um simples "posso ajudar?" sendo pronunciado com uma voz doce, tal qual eu ensinei.

Sinto como se olhasse no espelho e visse o melhor de mim refletido naquela pequena pessoa, de caráter incrível.

É claro que há dias difíceis também. Situações que educar parece uma missão impossível. Momentos em que é necessário ser firme, usar certa rigidez e também saber o momento certo de ser gentil e acolher. Definitivamente não é fácil. Não há escola, não há conselhos bons o suficiente, não há fórmulas ou manuais a seguir.

Difícil, mas possível. Não sei bem o porquê, mas sempre cultivei essa estranha certeza. Um apoio para me reerguer a cada fraquejar. Faz-me pensar, a cada dia, como ser uma mãe melhor.

É só uma questão de ajuste fino. Aquela característica em especial da minha filha que vai de encontro à minha maior dificuldade. Sim, o espelho também reflete escancaradamente meus defeitos e falhas.

Um dia consigo, em outros demoro um pouco mais, outros definitivamente não são bons dias. Ainda tem um detalhe: uma mesma mãe e uma mesma filha não são iguais todos os dias.

Não decidir pode ser perigoso. Pode deixar uma mãe vulnerável a falar e agir mal, movida pela raiva, impaciência ou cansaço. A criança fica visivelmente perdida, sem direção, livre para mostrar sua angústia da pior forma. Faz parte. Ter ciência do erro já é um grande passo rumo ao acerto.

As situações são comuns, conflitos totalmente esperados, mas a palavra dita, a reação do adulto ao lado, no momento certo, pode fazer toda a diferença.

Como agir no momento da birra, do choro, da reclamação quando algo de errado acontece ou alguém lhe faz algum mal?

Gosto de duas perguntas em especial:

– *O que aconteceu?*

– *Como você acha que podemos resolver?*

Abrem portas para um pensar junto, criar estratégias, encontrar opções de soluções. Ouço, falo e espero. Aguardo até que saia daquela pequena boca, um sorriso e uma ideia de como fazer e agir.

Tenho em mente três episódios marcantes.

Estávamos no parquinho, quando uma menina pegou o brinquedo das mãos da minha filha.

Minha filha disse: "devolve, é meu", mas a outra ignorou e saiu correndo com o brinquedo nas mãos. Minha reação foi impulsiva. Fui até a menina e disse para ela devolver porque o brinquedo não era dela. A menina respeitou, devolveu e eu o entreguei nas mãos da minha filha. Nada grave. Resolvemos rápido.

De volta ao parque, dias depois, uma outra criança maior faz o mesmo. Minha filha não se defendeu, olhou para mim e chorou esperando que eu resolvesse como da última vez.

Um erro simples, que passou desapercebido e, agora, traz consequências: insegurança, dependência.

Gentilmente me abaixei ao nível dos seus olhos e falei:

– *Chorar não vai resolver seu problema. Mamãe não vai estar sempre ao seu lado para ajudar. Vá lá e resolva como conseguir. Confio em você.*

Ela foi até a menina e pediu a bola de volta. A menina ignorou.

– *É minha, devolve!*

– *Não vou devolver!*

Maya então arrancou com força a bola das mãos da menina e saiu correndo em minha direção.

– *Conseguiu resolver?*

– *Sim, mas tive que pegar, ela não queria me devolver.*

– *Não tem problema, o importante é que você resolveu.*

Minutos depois a mesma menina veio pedir para brincar junto e as duas ficaram horas jogando bola.

– *Mais legal brincar junto do que brigar, não é verdade?*

– *Sim.* - Maya respondeu.

Na terceira ida ao parque, a situação se repetiu. Maya não chorou, não pediu o brinquedo de volta, nem precisou usar força. Apenas disse: "quer brincar comigo?" e, assim, ganhou o brinquedo de volta e uma nova amiga.

Apaixonei-me, naquele instante, por minha filha ainda mais. Apaixonei-me, em igual proporção, por mim mesma.

Ao ver uma dupla, mãe ou pai com seu filho ou filha, já não mais me admiro unicamente com as bochechas, beleza e a graça dos pequenos. Admiro mais ainda as mães, os pais, pacientes a oferecer água para seus filhos no meio da rua, a carregá-los por quarteirões cantando músicas, suportando o peso ainda com um sorriso no rosto, tentando disfarçar o nervosismo quando o filho chora e grita por uma bola da vitrine. Bebês são fofos, mas mães e pais são quem realmente merecem admiração.

Aplausos às mães de primeira viagem, aplausos àquelas que já passam do terceiro filho. Revolucionárias, questionadoras e inconstantes. O passado, a ciência, a experiência de pessoas próximas têm um papel importante, mas não há como plagiar. Ser mãe requer questionar, transformar e adaptar toda essa bagagem à nova vida e à nova mãe que com ela surge.

Uma habilidade que requer estudo, dedicação, reflexão, prática e experiência. Um trabalho um pouco louco e às vezes cansativo, mas que traz à jovem mãe a sensação de ser única e de fazer e criar algo único.

Escrevi para não esquecer, escrevi para que não se esqueçam de suas histórias, para que não julguem novas mães com base em relatos próprios de flashes de lembranças. Escrevi para deixar registrado a todos o valor de ser mãe, à parte de todas as funções de uma mulher. Escrevi para desafiar e ajudar outras e outros a desvendar esse novo mundo que tão logo surge, tão logo se transforma, deixando para trás a oportunidade única de fazer-se único.